DONALD FRASER

L'Afrique d'hier
et
l'Afrique de demain

TRADUCTION DE LOUIS-P. VAUTIER

Avec 16 illustrations hors-texte.

Publié sous les auspices du Comité pour l'Etude missionnaire.

PARIS-LIBRAIRIE FISCHBACHER
LAUSANNE
IMPRIMERIE COOPÉRATIVE LA CONCORDE
1913

L'AFRIQUE D'HIER ET L'AFRIQUE DE DEMAIN

RÉUNION EN PLEIN AIR (Afrique centrale,

DONALD FRASER

L'Afrique d'hier et l'Afrique de demain

TRADUCTION DE LOUIS-P. VAUTIER

Avec 16 illustrations hors-texte.

Publié sous les auspices du Comité pour l'Etude missionnaire.

PARIS-LIBRAIRIE FISCHBACHER
LAUSANNE
IMPRIMERIE COOPÉRATIVE LA CONCORDE
1913

On est prié d'adresser toutes les commandes du présent volume à Th. Pache-Tanner, Imprimerie coopérative La Concorde, Jumelles, 4, Lausanne.

AVANT-PROPOS

La question de l'Afrique est plus que jamais à l'ordre du jour. D'une part les nations civilisées y poussent à pas de géant leurs conquêtes et leurs partages; d'autre part les progrès sans cesse grandissants de l'islam attirent dans le monde chrétien les regards de tous ceux qui ont à cœur l'avenir du continent noir. Le livre de M. Donald Fraser permet d'embrasser d'un coup d'œil rapide et sûr la question de l'Afrique et de ses relations avec la civilisation et l'Evangile, soit dans les siècles passés, soit à l'heure présente qui contient en germe et prépare l'avenir. A une documentation très approfondie l'auteur a pu ajouter la vision directe des faits, ce qui donne à son témoignage une valeur particulière. Nous sommes très heureux de mettre ce livre, unique en son genre, à la portée des lecteurs de langue française et exprimons ici nos plus vifs remerciements au traducteur infatigable et désintéressé que nous avons eu le bonheur de trouver en M. Louis-P. Vautier, mission naire lui-même, au service de la Mission Romande. Ce livre écrit dans un sentiment de profond amour pour une race déchue et malheureuse a été traduit sous la même inspiration ; la récompense de ceux qui ont ainsi donné joyeusement leur temps et leur effort pour lui permettre de voir le jour sera de penser que, par ces simples pages, de nouveaux amis, en particulier dans les Cercles d'Etude missionnaire, seront gagnés à la cause qu'il expose et défend avec tant d'autorité.

Lausanne, Février 1913.

LE COMITÉ POUR L'ETUDE MISSIONNAIRE.

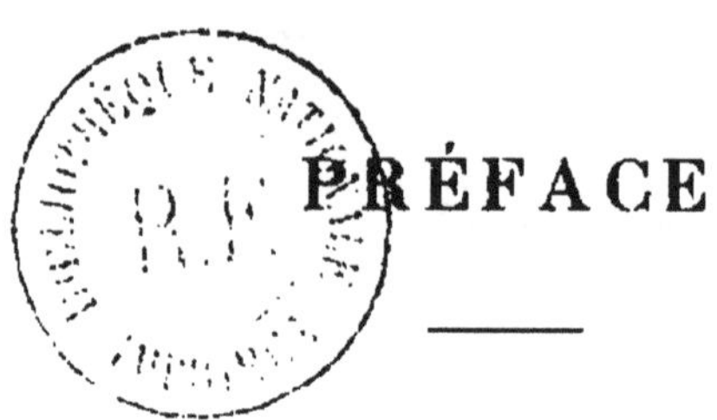

PRÉFACE

Ce manuel[1] *a le désavantage d'avoir été écrit au cœur de l'Afrique, où l'on ne peut consulter qu'un nombre restreint d'ouvrages et où il est impossible de recourir à des Livres Bleus ou à des archives. Il a, en revanche, l'avantage d'avoir été écrit en pleine vie africaine et missionnaire, en présence des faits tels qu'ils sont actuellement, sans mirage romanesque ni illusion de perspective.*

Il présente, en outre, l'inconvénient d'avoir été composé au milieu d'un travail missionnaire intense et étendu, mais il a bénéficié d'une soigneuse revision faite, en Ecosse, par un comité compétent qui comprenait, mieux que ne le pouvait l'auteur, quelle forme doit revêtir un pareil manuel pour bien remplir son but.

„ L'Afrique d'hier et l'Afrique de demain " ne

[1] *The Future of Africa*, by Donald Fraser, Missionary of the United Free Church of Scotland Nyasaland. London, Church Missionary Society, Salisbury Square, E. C., 1911.

traite que de l'Afrique païenne et de l'œuvre missionnaire au sein des races païennes de l'Afrique centrale et australe. Les problèmes que posent l'existence et l'extension de l'islam ne rentrent pas dans le cadre de cet ouvrage et n'y sont par conséquent qu'à peine mentionnés.

Notre fervente prière est que ceux qui étudieront ce manuel puissent entendre, aussi distinctement et aussi impérieusement que nous l'entendons ici, le cri de détresse de l'Afrique païenne.

Donald FRASER

Loudon, Nyassaland. Janvier 1911.

GUERRIER AFRICAIN

CHAPITRE PREMIER

PREMIERS VOYAGES DE DÉCOUVERTE

Sommaire :

I. — La fascination exercée par l'Afrique.

II. — Un continent fermé.

III. — Voyageurs et explorateurs du Moyen-Age.
- *a*) Le Prince Henri.
- *b*) Autres explorateurs portugais.

IV. — Après la Réformation.
- *a*) Les Compagnies commerciales.
- *b*) Colonisation par l'Angleterre et par la Hollande.

V. — Premiers efforts missionnaires.
- *a*) Les Dominicains et les Jésuites.
- *b*) Causes d'insuccès.

VI. — Résumé.

CHAPITRE PREMIER

PREMIERS VOYAGES DE DÉCOUVERTE

[illegible] temps [illegible] l'Afrique a [illegible] fascination sur la race humaine. La Grèce la [illegible] en un mythe; Rome y envoya ses légions [illegible] conquêtes; les [illegible] [illegible]

CHAPITRE PREMIER

PREMIERS VOYAGES DE DÉCOUVERTE

I. — De temps immémorial l'Afrique a exercé sa fascination sur la race humaine. La Grèce la personnifiait en un mythe ; Rome y envoya ses légions avides de conquêtes ; les marchands gaulois s'y rendirent en quête d'échange et de commerce ; l'Afrique septentrionale produisit quelques-uns des plus anciens et des plus fameux docteurs de l'Eglise chrétienne. Cependant c'est en vain que nous cherchons, dans le cours des premiers siècles, d'autres renseignements sur l'Afrique que quelques obscures allusions à d'inutiles tentatives faites pour en franchir le seuil. Les vagues de l'humanité semblent s'être bornées, dans le passé, à balayer le bord du Continent pour s'y briser et se retirer ensuite avec le reflux.

Et que voyons-nous aujourd'hui? L'Afrique est devenue une grande puissance mondiale, et nul ne pourrait dire où s'arrêteront les progrès de sa civilisation toujours croissante. Quelles ont été les causes d'un pareil développement et quelles sont les responsabilités actuelles du monde chrétien à cet égard ? Telles sont les questions qui constituent le thème de ce livre.

L'Afrique d'aujourd'hui présente un spectacle complexe. Son « grand triangle mal dessiné » a une superficie d'environ 30 millions de kilomètres carrés. Vers chaque côté du triangle coule un grand fleuve: au nord le Nil, à l'ouest le Congo, à l'est le Zambèze. Un voyageur a divisé le grand continent de la façon suivante: l'Afrique septentrionale où les hommes vont chercher la santé; l'Afrique australe où ils vont tenter la fortune; l'Afrique centrale où ils vont en quête d'aventures. Sa population d'environ 160 millions d'âmes semble énorme, et pourtant c'est peu en comparaison de la superficie, puisque cela ne donne guère qu'une moyenne de quarante habitants par kilomètre carré. Ses races sont nombreuses, et grande est la confusion de ses langues. Le climat de l'Afrique est influencé par l'altitude élevée du continent, bien que deux tiers de celui-ci soient compris entre les tropiques. Ses religions peuvent se diviser en trois classes inégales : le christianisme, l'islamisme et le paganisme. Quant aux divisions territoriales elles sont, pour la plupart, de date récente: environ 20 millions de kilomètres carrés se trouvent actuellement répartis entre les diverses puissances européennes.

La Grande-Bretagne subit tout particulièrement l'attraction de l'Afrique. Pionniers, missionnaires, commerçants, voyageurs, soldats et fonctionnaires civils ont quitté pour elle les îles de leur petit royaume et beaucoup d'entre eux ont donné leur vie pour cette terre lointaine. Sa fascination s'exerce avec puissance sur tous les types de l'humanité : tous, l'intellectuel aussi bien que le commerçant, le chasseur ou le philanthrope et surtout l'évangéliste l'ont ressentie. L'énigme de la race humaine, de ses origines et de son développement, la recherche du gain, la soif d'aventures, l'amour du prochain, le sentiment d'une responsabilité mystérieuse et terrible à l'égard de millions d'âmes ne connaissant pas encore le Christ. . . l'Afrique personnifie tout cela ; tout cela explique son histoire.

II. — Dès les temps les plus reculés, le nord de l'Afrique a été accessible et son histoire est connue ; mais jusqu'au moyen-âge, on ne savait rien du sud ni du centre de ce continent ; en fait, à partir du quinzième degré de latitude nord, jusqu'au Cap de Bonne-Espérance, l'histoire de ce pays n'appartient qu'aux temps modernes, en dépit des constants efforts qui ont été tentés dès le XVe siècle pour lever le voile qui le cachait aux yeux du reste du monde. C'est un des faits étonnants de l'histoire que la plus grande partie de ce vaste continent soit demeurée fermée pendant tant de siècles. Pourquoi Dieu le permit-il? Etait-ce peut-être que ni l'Eglise, ni la conscience nationale en Europe n'étaient préparées à faire un bon usage de cette vaste possession? Si l'Afrique avait été ouverte aux anciens aventuriers, comme le furent le Mexique et le Pérou, aurait-elle été ravagée et désolée comme eux? Pouvons-nous dire que Dieu, dans sa merveilleuse patience, préparait toutes choses pour le jour où les nations seraient à même d'exercer, en quelque mesure, leur tutelle à l'égard de races ignorantes et inférieures? Les pages qui suivent apporteront peut-être une réponse à ces questions.

III. — La première tentative d'ouvrir l'Afrique païenne fut faite par des explorateurs du moyen-âge. L'Eglise prenait peu à peu conscience de ses responsabilités, et les plus nobles de ses fils commençaient à comprendre leurs devoirs vis-à-vis des races inférieures et des peuples lointains. Trois hommes sont en vedette dans les annales des premières découvertes de l'Afrique : le Prince Henri, surnommé le Navigateur; Barthélemy Diaz, le fameux voyageur qui doubla le Cap de Bonne-Espérance et résolut le problème de la route méridionale de l'Inde ; Vasco de Gama, marin et explorateur intrépide qui, ayant abordé le jour de Noël dans une contrée magnifique, lui donna le nom de Natal.

a) Au milieu du XVe siècle, le Portugal était engagé dans une lutte acharnée avec les Maures. Après une guerre désastreuse dans le nord de l'Afrique, les Portugais furent chassés et ils rentrèrent dans leur pays, laissant le Prince Ferdinand, un frère d'Henri, prisonnier du Sultan. Henri se retira au Cap St-Vincent, et là médita longuement sur la redoutable crise qui menaçait le christianisme. Il vit que tous les trésors de l'Asie passaient aux mains des Maures qui occupaient l'Egypte et Constantinople, puis il se dit que, si l'on pouvait intercepter ces richesses, on enlèverait du même coup aux infidèles le nerf de la guerre. Il entendit également parler de la possibilité de contourner l'Afrique pour se rendre en Asie, et il eut vent de l'existence, au cœur même du continent, d'un roi remarquable nommé Prester John qui pourrait devenir son allié.

Ces histoires enflammèrent son ambition et il commença ses préparatifs. Il se procura les meilleurs livres qui existaient alors ainsi que les instruments scientifiques nécessaires ; il s'attacha les hommes les plus versés dans l'art de la cartographie et de la navigation ainsi que dans les mystères de l'astronomie ; puis il fit venir les plus habiles contructeurs de vaisseaux pour surveiller l'équipement de ses caravelles, en sorte que celles-ci sortirent de ses chantiers plus fortes et plus belles que les meilleurs vaisseaux de Gênes.

Ses marins ne tardèrent pas à se mettre en route. Ils longèrent la côte occidentale de l'Afrique et, en 1445, atteignirent le Cap Vert. C'était déjà là un courageux exploit de la part d'hommes dont l'imagination était remplie de récits terrifiants de monstres marins, de mers bouillantes et de diables embusqués prêts à s'emparer des pauvres voyageurs. Mais le Prince Henri avait fortifié leurs esprits par une bulle du pape qui promettait l'entrée immédiate dans le paradis à tous ceux qui mourraient en route. Il importe de bien se souvenir que le Prince Henri était poussé par un pur zèle missionnaire et par « une généreuse ardeur pour la conversion au christianisme des nations sauvages. » Du commencement jusqu'à la fin, son but fut élevé, noble et désintéressé. Sa vie fut une lutte continuelle contre les dangers et contre ses indisciplinés partisans. Il tenta une véritable croisade missionnaire, projetant l'anéantissement du pouvoir menaçant des Maures en même temps que la propagation de l'Evangile. En sa qualité de Grand-Maître de l'Ordre de Christ, il avait pour devoir « de conquérir et de convertir tous ceux qui niaient la vérité de la sainte religion. » Il avait aussi un sens politique assez avisé pour comprendre que la force et l'espoir du christianisme résidaient dans son extension.

Lorsqu'il envoya son ambassade au pape Martin V, il insista sur le fait que porter le christianisme dans des contrées inconnues « était le seul moyen de résister aux désolants progrès du faux prophète. » Le clergé du Portugal devint le plus ferme allié d'Henri; il défendit vigoureusement ses plans et les favorisa en dépit de toutes les oppositions. Des services religieux spéciaux précédèrent le départ des voyageurs; des chapelains et des missionnaires furent amenés à bord des vaisseaux dont les voiles portaient une croix en guise de blason. Mais les capitaines et les sujets du Prince Henri ne partageaient pas tous son désir touchant l'amélioration de l'Afrique! En longeant la côte de la Guinée ils furent assaillis par une tentation vieille comme le monde: celle de l'or, puis par une tentation nouvelle : celle des esclaves. Ces deux proies, qui devaient ruiner l'entreprise des Portugais et causer un mal irréparable à l'Afrique, portèrent un coup mortel au but religieux qui avait inspiré ces voyages; elles mirent également en échec l'esprit de découverte. Les vaisseaux rentrèrent au Portugal chargés d'or et d'esclaves! leurs équipages n'étaient plus enflammés que par la passion du gain. Le Prince Henri les reçut froidement et blâma ses capitaines pour la façon dont ils s'étaient acquittés de leur mandat. Dès lors, son cri passionné retentit à travers les siècles: « Plantez la croix sur quelque nouveau cap! C'est là ce que je veux. » Dès lors aussi, la cupidité des premiers aventuriers répandit la semence de cette malédiction de l'histoire africaine : la traite des noirs. L'Eglise ne la condamna pas; elle l'approuva au contraire, car ainsi les païens obtenaient le privilège de vivre en pays chrétien! Ces premiers marchands d'esclaves ne pensaient guère que, par l'introduction des nègres dans leur pays, ils préparaient pour l'Afrique de longues années de dévastation ; ils ne se rendirent pas compte non plus qu'ils avaient préludé ainsi au déclin du royaume portugais : à partir de ce moment, en effet, le labourage devint une occupation d'esclave et le travail honnête fut méprisé.

b) Après la mort du Prince Henri, Barthélemy Diaz et Vasco de Gama suivirent ses traces. En 1846 Diaz doubla le Cap, et en 1497 une autre expédition fut équipée et envoyée sous la conduite de Vasco de Gama. Avant le départ du vaisseau, les chefs passèrent toute la nuit en prières et, au matin, ils parcoururent les rues en processions religieuses, accompagnés par le chant des cantiques et les prières des prêtres. L'expédition débarqua au Cap et noua des relations avec les Hottentots. Tout se passa d'abord de la façon la plus amicale, mais cette première tentative se termina — comme ce fut si souvent le cas dans la suite — par des combats et par du sang versé. Attiré par de grandes perspectives de richesse et de gloire, le Portugal envoya en 1510 une nouvelle expédition pour s'emparer de la côte orientale et ouvrir la voie au commerce avec les Indes. Plusieurs prêtres et une troupe de frères dominicains accompagnaient l'expédition à titre de missionnaires, avec le désir d'imposer le christianisme aux indigènes. Sur la côte orientale, les Portugais entrèrent en contact avec les Arabes qui y pratiquaient le commerce des esclaves et, pendant un siècle et demi, ils vécurent les uns avec les autres dans un état perpétuel de rivalité et de guerre.

Enfin les Portugais devinrent victimes, à leur tour, de la cruauté de ceux qu'ils avaient tout d'abord vaincus et, à la fin du XVIIe siècle, ils furent entièrement exterminés, après n'avoir fait que peu de chose — ou même rien du tout — en faveur des hordes païennes qu'ils avaient entrepris de conquérir et de christianiser.

Tout ce que les tribus païennes de la côte nord-est reçurent de l'étranger leur vint, non des Européens chrétiens, mais des Arabes mahométans ; ce ne fut, du reste, qu'une malédiction et non pas un bienfait. L'Arabe n'avait aucune force de discipline personnelle, et l'état de paresseuse luxure dans laquelle il se laissa glisser, lorsque tous ses travaux furent accomplis par des esclaves, réduisit à néant son influence civilisatrice. Ce fut surtout comme propriétaire d'esclaves et comme organisateur de la traite que l'Arabe se fit connaître en Afrique. Cependant quelques-uns accomplirent des actions dignes de remarque, tout en poursuivant leur brutal trafic. Ils pénétrèrent à l'intérieur et même traversèrent le continent longtemps avant que des Européens eussent tenté de dépasser la ligne de la côte.

IV. — Au XVIe siècle les Portugais, qui avaient reçu du pape un monopole pour tous les pays qu'ils pourraient découvrir en Afrique, étaient, pour ainsi dire, les seuls marchands et colons européens ; mais, dès la Réformation, lorsque les bulles papales eurent perdu leur autorité sur les nations protestantes, l'Angleterre et la Hollande commencèrent à se diriger vers les rivages d'Afrique.

a) Des chartes furent octroyées par la reine Elisabeth à des compagnies qui trafiquaient avec la côte occidentale, mais bientôt leur commerce dégénèra en traite des noirs. Le fameux Sir John Hawkins, qui dirigea l'une des premières expéditions, ne tarda pas à devenir un grand trafiquant d'esclaves. La reine blâma sévèrement sa façon de traiter les indigènes. Il ne parut guère honteux de ses actes et la société ne le repoussa point avec indignation; lorsqu'il fut créé chevalier, il adopta, sur son blason, un nègre lié d'une corde !

L'effet d'un commerce aussi immoral fut désastreux pour les indigènes : plusieurs des tribus côtières ainsi traitées et mises en contact avec les commerçants européens pendant deux ou trois cents ans, se trouvèrent plus dégradées moralement et physiquement que les tribus encore sauvages de l'intérieur. Sur la côte occidentale, le trafic de chair humaine prit rapidement d'effrayantes proportions. Les articles d'échange que recherchaient les nègres étaient l'eau-de-vie et des munitions : la première pour s'abrutir eux-mêmes, et les dernières pour vaincre et réduire en esclavage les tribus voisines. Sur la côte orientale, lorsqu'onne pouvait pas obtenir de l'or, on entreprenait le trafic des esclaves et bientôt — comme sur la côte opposée — tout commerce légitime disparut. La traite dégradait et abrutissait tous ceux qui s'en mêlaient. Alors ces premières compagnies commerciales devinrent si avides de lucre et si indifférentes quant aux moyens de l'obtenir, qu'elles aboutirent — à peu d'exceptions près — à une honteuse exploitation, tant des peuples que des ressources de l'Afrique.

Des histoires merveilleuses parvenaient en Europe touchant la richesse de Tombouctou, où le roi attachait son cheval à un bloc d'or ! De Sofala, sur la côte orientale, arrivaient des récits concernant les mines d'Ophir qui avaient enrichi jadis Salomon et l'Orient ; on envoya expédition sur expédition pour les découvrir. En 1621 le capitaine Jobson revenait en Angleterre, après un voyage sur la Gambie, prétendant avoir acheté un merveilleux royaume pour quelques bouteilles de son meilleur brandy, et parlant d'un pays dont les villes avaient des toits en or. Mais jamais il ne retourna pour prendre possession de son royaume ni pour enlever les toits des maisons ! Pendant bien des années, tout l'or que les Portugais purent obtenir de leurs fermiers arabes qui occupaient les mines du roi Salomon, fut un peu de poussière dans quelques plumes d'oie.

b) Cependant une œuvre de colonisation plus prospère et plus durable se développait au Cap de

Bonne-Espérance. Les Hollandais y avaient créé des établissements pour ravitailler les équipages de leurs navires au cours de leurs longs voyages aux Indes, et l'on y cultivait des légumes et des arbres fruitiers en vue des malheureux marins atteints du scorbut. Des officiers anglais virent aussi l'avantage qu'offrait la Baie de la Table comme station sur la route des Indes, aussi, en 1620, proclamèrent-ils la souveraineté de Jacques Ier sur toute la contrée. Pour justifier cet acte ils firent valoir, entre autres arguments, l'espoir que les Hottentots deviendraient bientôt des serviteurs de Dieu. La colonie elle-même resta néanmoins hollandaise jusqu'au commencement du siècle dernier. Au fur et à mesure que les colons devenaient plus nombreux, ils s'étendirent sur un territoire toujours plus vaste, exigeant pour leur propre usage les terres qui avaient appartenu précédemment aux tribus indigènes. Les colons hollandais étaient des hommes d'un type très supérieur ; beaucoup d'entre eux étaient sincèrement religieux, sédentaires et pacifiques. Cependant, comme les autres Européens de cette époque, ils n'avaient aucune idée de leurs responsabilités vis-à-vis des races plus faibles, ni des droits naturels des peuplades autochtones. Tout naturellement leurs procédés injustes et cruels à l'égard de ces tribus, bien loin de les attirer à l'Evangile du Christ, les en repoussèrent plutôt.

Lorsque les premiers colons arrivèrent, ils trou-

UN VILLAGE INDIGÈNE AU PAYS DES BASSOUTOS

[illegible] deux nations en possession du pays. [illegible] celle des Bushmen, était celle des habitants primitifs de l'Afrique; ils vivaient de chasse et n'avaient [illegible]

[illegible] Comme la colonisation s'étendit, il fallut plus de terres; alors une plus grande portion du pays des Hottentots fut annexée [illegible] les [illegible] étaient réduits en esclavage par les colons hollandais; mais, comme les Hottentots [illegible] pas [illegible] avec [illegible] belliqueux, cette [illegible] ne provoqua qu'une faible [illegible]. Il [illegible] lorsque les colons [illegible] sur les [illegible] de terribles difficultés [illegible] ne [illegible] pas être [illegible] [illegible] les [illegible] du Cap [illegible] vèrent deux tribus en possession du pays. L'une, celle des Bushmen, était celle des habitants primitifs de l'Afrique ; ils vivaient de chasse et n'avaient ni cultures ni demeures fixes. Les autres, les Hottentots, étaient un peuple pasteur venu récemment dans la contrée et qui avait dépossédé les Bushmen d'un certain nombre de leurs antiques territoires de chasse. Comme la colonisation s'étendait, il fallut plus de terres ; alors une plus grande portion du pays des Hottentots fut annexée, tandis que les occupants étaient réduits en esclavage par les fermiers hollandais ; mais, comme les Hottentots n'étaient pas une race très belliqueuse, cette façon de résoudre la question ne provoqua qu'une faible résistance. En revanche, lorsque les colons commencèrent à empiéter sur les possessions giboyeuses des Bushmen, de terribles difficultés éclatèrent. Les Bushmen ne pouvaient pas être réduits en esclavage, car ils étaient difficiles à capturer. Jadis ils étaient les seuls habitants du Cap et ils se croyaient l'unique peuple du monde ! Puis les Hottentots étaient venus, passant à travers les terres de chasse des Bushmen avec leurs troupeaux ; enfin parut le chrétien — comme on l'appelait — qui les dépossédа de leurs antiques repaires. Le colon ne faisant aucune tentative de conciliation, les Bushmen, blessés dans leur orgueil, attaquèrent ses propriétés et lui volèrent son bétail : les blancs les pourchassèrent alors par troupe, comme des bêtes sauvages. Quelques-uns, toutefois, s'étant aperçu qu'en poursuivant ces indigènes on les rendait toujours plus pillards, usèrent de procédés pacifiques ; ils les nourrirent en temps de famine et trouvèrent en eux des bergers d'une fidélité à toute épreuve. Vers la fin du XVIIIe siècle une guerre épouvantable éclata entre les Européens et ces aborigènes. A la vue d'un Bushman, le colon éperonnait son cheval, appelait ses chiens et lui donnait la chasse avec plus d'ardeur qu'à un loup. Un traitement semblable entraînait naturellement de terribles représailles. Pourchassés comme des bêtes fauves et arrachés à leurs antres de chasseurs, les indigènes affamés erraient de côté et d'autre, se nourrissant de racines et de petit gibier, prêts à assouvir leur rage grandissante par des actes de cruauté à l'égard des chrétiens et de leur propriété vivante, serviteurs ou bestiaux. Malheureusement le gouvernement colonial approuvait les châtiments barbares infligés aux Bushmen par ses ressortissants, et il les laissait imprudemment et injustement exercer un pouvoir illimité sur la vie de ceux qu'ils faisaient prisonniers. Un exemple caractéristique d'atrocité fut rapporté aux autorités par son auteur lui-même. Ayant poursuivi en vain les Bushmen, il leur tendit un jour un piège en tuant un hippopotame. Lui et ses gens se cachèrent à portée jusqu'à ce que les affamés vinssent se jeter sur la viande morte ; alors ils les entourèrent et les massacrèrent. Il rapporta avoir compté cent vingt-deux cadavres, tandis que cinq Bushmen avaient pu s'échapper en traversant la rivière à la nage.

Ce traitement brutal des indigènes transforma ces joyeux chasseurs, amis des danses, en une race perfide et abrutie : « sa main fut contre tous et la main de tous fut contre elle. » Lorsqu'on se fut aperçu que les adultes ne pouvaient pas être réduits en servitude, on captura leurs enfants ; mais leur amour inné de la liberté était si grand que l'on vit souvent des petits garçons, échappés de chez leurs maîtres, errer pendant des jours dans les déserts, à travers une contrée pleine de bêtes sauvages, jusqu'à ce qu'ils parvinssent de nouveau chez les leurs.

Ce ne fut pas uniquement un sentiment de haine pour les Bushmen qui inspira la conduite injuste des colons à leur égard : le besoin de terrain d'une part, et de l'autre le manque de main d'œuvre sur leurs terres, les amenèrent à fouler aux pieds les droits des indigènes. Tous les enfants noirs qui naissaient sur les terres d'un colon étaient forcés d'être ses ouvriers pendant plusieurs années, et de fait ils étaient esclaves ! Des expéditions régulières étaient organisées par les habitants des frontières contre les tribus hottentotes, afin de s'emparer de leurs sources et de se procurer des esclaves. Lorque les « chrétiens » poussèrent plus à l'est, ils entrèrent en conflit avec les Cafres, peuple plus belliqueux qui occupe l'extrémité sud-orientale du continent. Parfois les Européens chassèrent les

Cafres et s'emparèrent de leurs terres; parfois les Cafres, reprenant une terrible offensive, repoussèrent les envahisseurs.

V. — Jusqu'alors l'Europe n'avait considéré l'Afrique que comme un champ propre à l'enrichir. Elle avait exploité les indigènes, les mines d'or et le commerce de l'ivoire. Tout à la poursuite de ses fins égoïstes, elle avait plongé ses mains dans le sang avec un scandaleux mépris des droits de l'humanité : droits sacrés, même s'ils concernent des races primitives! Des siècles de tutelle chrétienne n'avaient fait que livrer une victime à sa cupidité. Pourtant nous ne pouvons nous empêcher de nous demander si l'histoire des premiers explorateurs et des premiers colons ne recèle aucun effort désintéressé en faveur des indigènes. S'étaient-ils tous adonnés à la recherche sordide de l'or? Aucun d'eux n'a-t-il tenté d'apporter la Lumière au peuple qui marchait dans les ténèbres ? Qu'advint-il de ces premiers missionnaires qui accompagnaient le Prince Henri et ses marins? Ne jouèrent-ils aucun rôle dans ces premières luttes pour l'ouverture de l'Afrique ?

C'est dans les annales des missions catholiques que nous devons chercher la réponse à ces questions, car — à part une tentative unique de la part des Moraves — aucun effort ne fut fait par les protestants d'Europe, jusque près de la fin du XVIIIe siècle, pour porter aux Africains l'Evangile de Christ. L'Eglise n'avait pas pris conscience de ses responsabilités, et les chrétiens de la Colonie n'étaient pas parvenus à reconnaître qu'un homme noir peut devenir un enfant de Dieu.

a) Les moines furent l'avant-garde des forces missionnaires de l'Afrique. Nous trouvons les premières traces de leur travail sur le Congo dont l'embouchure fut découverte par Diégo Cam en 1484. L'année suivante, ce dernier s'étant rendu dans l'ancien royaume du Congo instruisit personnellement le roi des vérités chrétiennes. A son départ, le souverain demanda des missionnaires et exprima le désir de devenir chrétien. En 1491, une troupe de missionnaires dominicains, artisans et cultivateurs, arriva à l'embouchure du Congo. Le gouverneur du district, un oncle du roi, embrassa le christianisme et fut baptisé. Les missionnaires construisirent là une église, contenant trois autels, en l'honneur de la sainte Trinité, puis ils se rendirent à la capitale — distante d'environ 250 kilomètres — où ils furent reçus en grande pompe par le roi. Les missionnaires lui expliquèrent le but de leur voyage et lui racontèrent le baptême du gouverneur de la côte, ainsi que la construction de l'église. On célébra alors une messe, et les indigènes contemplèrent avec un profond respect les vêtements et les rites sacrés. Le roi résolut de construire un sanctuaire et, quelques mois plus tard, on consacrait l'église de la sainte Croix. Le roi et la reine furent baptisés et prirent les noms de Jean et Eléonore en l'honneur des souverains portugais. Naturellement un grand nombre d'indigènes suivirent l'exemple de leur monarque qui, bien que quelques-uns de ses gouverneurs et de ses chefs demeurassent fermement attachés au fétichisme, fut habilement secondé par son fils Alphonse dans ses efforts pour christianiser son peuple. Les coutumes païennes furent supprimées par la loi, et les armées de rebelles qui se soulevèrent contre le roi, par attachement aux anciennes formes, succombèrent devant sa bannière sacrée sur laquelle on voyait la vierge Marie et des saints apparaissant dans les cieux pour soutenir l'armée chrétienne.

De nouveaux renforts de missionnaires furent envoyés en 1520, et un évêque indigène — un des princes de la maison royale qui avait été élevé au Portugal — fut consacré. Cependant il mourut peu après son arrivée et il ne semble pas que l'expérience ait été renouvelée.

C'est à peu près à cette époque que fut fondé le fameux ordre des Jésuites dont les adeptes se mirent à la disposition du pape pour le service missionnaire. Une de leurs premières expéditions fut pour le Congo où l'on envoya un grand nombre de missionnaires. Un nouvel évêque était aussi arrivé et avait été bien accueilli, mais il ne tarda pas à se trouver en présence d'une tâche difficile. La vie des prêtres et des moines était scandaleuse et ils ne voulaient écouter ni ses protestations ni ses ordres; le roi dut intervenir et faire enchaîner les missionnaires rebelles. Un certain nombre d'entre eux furent relégués à Sanit-Thomas, mais la conséquence de leur conduite fut que « la religion chrétienne déchut en influence par la faute de ceux qui l'enseignaient ».

A partir de ce moment les choses semblent être allées de mal en pis. L'évêque mourut et les mœurs du clergé, comme celles des laïques, demeurèrent aussi déréglées qu'auparavant : le roi, les nobles et les ecclésiastiques trangressaient toutes les lois morales. C'est alors qu'apparut la féroce horde cannibale des Jaggas (Fans) qui traversa l'Afrique occidentale, dévastant le pays, renversant les dynasties et écrasant les tribus. Le royaume du Congo fut bouleversé et, lorsque les Jaggas se furent retirés, les fugitifs affamés qui retournèrent à leurs anciennes demeures se rendirent aux Portugais. Les survivants dispersés demandèrent de nouveaux missionnaires au Portugal, mais la réponse à leurs appels fut moins empressée que par le passé. Le pays était appauvri par l'Inquisition et par la guerre qui avait éclaté avec la Hollande ; déjà les Portugais se voyaient chassés de leurs établissements de la côte.

Des ambassades furent alors envoyées au pape, et il semble bien qu'elles obtinrent quelque réponse, car au commencement du XVIIe siècle les missionnaires étaient très nombreux dans la région du Congo. Mais de nouveau la licence et l'immoralité éclatèrent parmi eux, et il fallut demander du secours en Europe pour les remettre à l'ordre. Le pape envoya des missionnaires capucins et déclara formellement qu'ils devaient être le seul ordre reconnu dans le pays. Le roi du Congo leur fit bon accueil, leur céda des couvents et des églises ainsi que des esclaves pour cultiver leurs jardins. Mais les missionnaires ayant protesté, lors d'une tentative d'assassinat contre tous les princes royaux, le roi changea d'attitude à leur égard, les maltraita et les mit en prison.

Une fois de plus le pays retourna au paganisme. Le successeur de ce mauvais roi décida d'exterminer tous les missionnaires et tous les Européens, mais au lieu de cela, il fut lui-même attaqué et mis à mort. Ensuite la situation du pays devint de plus en plus sombre, jusqu'à ce qu'enfin il n'y subsista plus le moindre rayon de lumière.

Que se passait-il ailleurs ?

Les Portugais ne perdaient pas de vue leur projet de christianiser les indigènes tout le long de la côte orientale d'Afrique où ils fondaient des établissements. Le pays qu'ils avaient découvert était immense, mais leurs ressources étaient limitées. L'Orient tout entier, du Cap de Bonne-Espérance au Japon, était sous la juridiction du premier évêque des Indes qui résidait à Goa. Le personnel dont il disposait était si restreint que même les plus importants établissements portugais demeurèrent sans chapelain pendant de longues périodes. En 1540, sept mois après la fondation de l'ordre des Jésuites, l'ardent apôtre St-François Xavier quittait Lisbonne pour les Indes. En route il fit un court séjour à Mozambique, puis il traversa les mers, suivi bientôt après par un grand nombre d'autres Jésuites. A peu près à cette époque, un jeune homme, fils d'un chef indigène des environs d'Inhambane, se rendait à Mozambique à bord d'un vaisseau portugais. Il fut si favorablement impressionné par les égards dont on l'entoura, qu'il ne tarda pas à se faire baptiser, en grande pompe, à l'église de Mozambique. Il demanda que des missionnaires fussent envoyés avec lui dans son pays natal, et l'on transmit sa requête à Goa. Le père Gonçalo s'offrit, avec d'autres, pour ce service et, après un voyage pénible et dangereux, ils abordèrent à Inhambane. De là ils se rendirent chez une tribu de Makalanga où ils commencèrent une œuvre missionnaire. On les reçut et on les écouta avec tant d'empressement, qu'au bout de peu de temps quatre cents personnes furent baptisées, au nombre desquelles le chef et sa famille. Laissant derrière lui ce qu'il croyait être une jeune communauté chrétienne, le père jésuite remonta le Zambèze jusqu'à Sena ; là il reçut une invitation du grand Monomotapa, « l'empereur » des mines de Salomon, à aller lui rendre visite. A son arrivée il fut accueilli d'une manière très hospitalière : on lui offrit de l'or ainsi que des femmes à titre d'esclaves. Lorsque Gonçalo les refusa, le roi comprit qu'il avait affaire à un type de « chrétien » différent de tous ceux qu'il avait vus jusqu'alors et il prêta une oreille attentive à son message. Bientôt il fut baptisé, en même temps que sa mère et qu'environ trois cents de ses conseillers et de ses sujets ; mais comme il n'avait nullement l'intention d'abandonner ses coutumes païennes, il ne tarda pas à se fatiguer de son hôte.

Quelques mahométans de sa cour s'efforcèrent alors d'aigrir le roi contre le missionnaire, et ils abusèrent si bien de sa crédulité qu'il décida de faire périr Dom Gonçalo. Ce dernier savait que sa vie était menacée, mais il refusait de fuir tant que des païens étaient encore gagnés à la foi. Peu après, comme une cinquantaine d'indigènes s'étaient fait baptiser, le roi prit cet acte d'adhésion à l'Eglise pour un défi à son adresse et résolut de mettre un terme à tout ce mouvement. Le zélé missionnaire fut tué et son corps jeté à la rivière; peu s'en fallut que les nouveaux baptisés ne subissent le même sort. Pendant ce temps, les frères laissés à la tête de la jeune communauté chrétienne, près d'Inhambane, n'avaient pas eu grand succès. Les convertis se révoltaient contre la loi morale qui leur était imposée; ils refusaient de changer leurs anciennes habitudes et laissaient leur pasteur dans un tel dénuement, qu'il fut forcé de quitter misérablement le pays, rappelé par son supérieur de Goa.

Au milieu du XVIe siècle, les Dominicains tournèrent aussi leurs regards vers l'Afrique orientale.

Des missionnaires s'établirent dans le voisinage des forts portugais et sur divers points du Zambèze. Tout d'abord ils se bornèrent à prodiguer leurs soins aux Européens qu'ils trouvèrent dans une lamentable condition, tant moralement que spirituellement. Plus tard, lorsqu'ils purent constater quelques progrès comme fruits de leur travail, ils s'occupèrent de la conversion des indigènes. Ce ne fut pas une tâche facile! Les tribus étaient constamment en guerre les unes avec les autres. Eloignés des forts, les missionnaires enduraient toutes sortes de privations, l'isolement et la fièvre; leurs vies étaient continuellement en danger. Cependant de petites communautés chrétiennes commencèrent à se grouper autour d'eux, dans les villages protégés par les forts.

De temps en temps les missionnaires dominicains étaient renforcés par l'arrivée de nouveaux membres de leur ordre. Le gouvernement leur allouait un petit subside en sorte qu'ils ne vivaient pas uniquement de charité. Les Jésuites, eux aussi, pénétrèrent peu à peu dans la région du Zambèze, et une grande jalousie ne tarda pas à se manifester entre les deux ordres. Malheureusement les annales de ces anciennes missions du XVIIIe siècle devinrent de plus en plus obscures. Les mœurs des Dominicains semblent s'être gravement corrompues, et les gouverneurs portugais eurent souvent à se plaindre à leurs supérieurs de la conduite immorale de ces missionnaires.

Enfin, en 1760, le gouvernement de Lisbonne expulsa les Jésuites de l'Afrique sud-orientale; en 1775, les Dominicains en furent chassés à leur tour et, avec eux, disparurent les derniers restes de civilisation dans cette province. Nous voyons ainsi les missions prospérer pendant plus de trois siècles, tant dans l'Afrique orientale que dans l'Afrique occidentale. Après des sacrifices réels en argent et en hommes, le résultat apparent ne fut qu'un échec complet! Lorsque les missionnaires de la Société baptiste arrivèrent à San Salvador, la capitale du royaume — jadis chrétien — du Congo, ils n'y trouvèrent plus aucune trace de la religion du Christ. Le roi et son peuple étaient des païens, adonnés à d'obscures superstitions et à de cruelles coutumes. Les ruines de la cathédrale subsistaient dans la cour de la demeure royale, il y avait un grand crucifix et quelques images de saints, mais ce n'étaient que les fétiches du roi. Une croix, c'était le fétiche favori pour faire obtenir de l'adresse à la chasse! Lors des funérailles, on accomplissait quelques cérémonies qui rappelaient vaguement un rite catholique et c'est tout ce qu'il restait de quatre siècles de travail missionnaire.

Un autre exemple, plus frappant encore, est rapporté par Livingstone. Un siècle après l'expulsion des missionnaires par le gouvernement portugais, il visita quelques-unes de leurs anciennes stations. Voici la description, la plus caractéristique — peut-être — de toutes, qu'il fait de Zumbo : « La chapelle, près de laquelle se trouve une cloche brisée, ...n'est plus qu'une ruine et, tout autour, ce n'est que désolation. L'oiseau sauvage, troublé par le bruit inusité de pas qui s'approchent, s'enfuit en poussant un cri aigu. La hyène impure a souillé le sanctuaire... On ne peut guère considérer sans tristesse l'extrême désolation d'un lieu où des hommes se sont assemblés pour adorer l'Etre suprême, où ils ont uni leurs voix pour chanter ces paroles magnifiques: « Tu es le Roi de gloire, ô Christ », lorsqu'on se souvient que les indigènes ne savent rien de sa religion et ignorent jusqu'à son nom. Une superstition étrange leur fait éviter ce lieu sacré, comme on évite la peste, et jamais ils ne s'en approchent. A part les ruines, rien ne rappelle qu'un jour une puissance chrétienne eut là des représentants, car les indigènes d'aujourd'hui sont exactement ce qu'étaient leurs pères lorsque les Portugais doublèrent le Cap pour la première fois. Leur langue n'a pas encore été écrite et aucun art, sauf celui de distiller des spiritueux au moyen d'un canon de fusil, n'a jamais été enseigné aux indigènes par les étrangers. Si donc tous les descendants des blancs devaient quitter en même temps le pays, il ne resterait d'eux que quelques ruines de murailles faites de pierre et de boue, et cette relique honteuse du commerce des esclaves, à savoir la croyance que l'homme peut vendre son frère, croyance qui n'est pas d'origine indigène ».

b) Nous retrouvons, dans cette phase antique de

l'histoire des missions, ce que nous avons vu dans l'histoire du Prince Henri et de ses sujets. Une entreprise, qui avait à son origine un haut idéal de progrès pour l'Afrique, se termine de nouveau par un misérable échec. Malheureusement la littérature de l'Eglise romaine ne jette pas de lumière sur ce fait. Les récits de source portugaise, d'autre part, sont entachés d'une haine manifeste pour les missionnaires ; il serait dès lors injuste d'apprécier leur caractère et leur œuvre d'après les rapports d'individus tarés, dont la conduite à l'égard des indigènes était en contradiction absolue avec l'Evangile. Nous ne savons que trop l'inanité d'appréciations de ce genre sur des missions protestantes !

Quelques-uns. d'entre les premiers missionnaires. semblent avoir été des hommes animés d'un véritable zèle évangélique. En revanche, un trop grand nombre des missionnaires envoyés dans ces pays manquaient d'équilibre moral et spirituel, et la terrible démoralisation qui, aujourd'hui encore, s'empare des Européens vivant au milieu d'un peuple païen lorsqu'ils ne veillent pas sérieusement sur leur conduite, gagna ces malheureux pionniers, jusqu'au moment où leur vie devint un scandale pour les païens eux-mêmes. Des commissaires furent envoyés à mainte reprise pour combattre ces abus ; toujours ils revinrent épouvantés par le désordre et l'immoralité des missionnaires. Une autre faute grave, qui ruina leur influence sur les indigènes, fut leur participation au commerce des esclaves. Lorsqu'ils n'étaient pas directement compromis dans la traite, ils employaient fréquemment des esclaves pour cultiver leurs plantations, et parfois même ils prirent une part active au trafic de chair humaine. Ils devinrent ainsi peu à peu les ennemis des indigènes sans défense, au lieu d'être leurs amis. Ils n'hésitèrent pas non plus à recourir aux menaces et à la violence pour faire progresser leur œuvre et pour venger leurs martyrs. Nous savons quel mal cette politique a fait en Chine dans les temps modernes : elle ne fut pas moins désastreuse en Afrique.

VI. — L'Europe demeura ainsi pendant des centaines d'années sur le seuil de l'Afrique ; elle pénétra à travers la ligne de ses côtes, exploita ses populations et ses ressources et ne laissa que le chaos. Les trois premiers siècles de contact entre les deux continents se terminent dans une nuit profonde. Des lampes avaient été allumées, mais toutes se sont éteintes. Des ennemis cruels et meurtriers rôdent dans les ténèbres, terrorisant et détruisant les populations ; le trafic des esclaves dévore ses victimes par milliers ; l'eau-de-vie, les fusils et la poudre sont répandus en abondance sur le continent ; des colonies avides empiètent sur les terres ancestrales du peuple, chassant les maîtres du sol ou les réduisant en esclavage... et pendant tout ce temps l'Eglise, à laquelle Dieu a donné la Lumière du monde, oublie de la faire briller dans cette horrible nuit.

ACCIDENT DE WAGON (Transvaal).

[illegible]

[illegible]

Sommaire

I. — [illegible] Afrique [illegible]

[illegible]

II. — [illegible] Mungo Park.

a) [illegible]

b) Mungo [illegible]

c) Découverte de [illegible] du Niger.

III. — Projet de [illegible]

a) [illegible]

b) [illegible]

c) [illegible] Congo [illegible]

IV. — [illegible]

V. — [illegible]

[illegible]

CHAPITRE II

LES PORTES DE L'AFRIQUE S'OUVRENT

Sommaire.

I. — L'Afrique encore fermée au commencement du XIXe siècle.

II. — L'Association africaine et Mungo Park.
- a) But de l'Association ;
- b) Mungo Park en Afrique ;
- c) Découverte du delta du Niger.

III. — Projet de régénération de l'Afrique.
- a) Fowell Buxton ;
- b) Macgregor Laird ;
- c) Sir George Taubmann Goldie.

IV. — Extension de l'activité commerciale.

V. — David Livingstone.
- a) Ses voyages missionnaires ;
- b) Ses derniers voyages ;
- c) Sa contribution à la prospérité de l'Afrique.

VI. — Nouveaux progrès dans l'Afrique orientale et centrale.

VII. — H.-M. Stanley.

VIII. — Le continent ouvert.

CHAPITRE II

LES PORTES DE L'AFRIQUE S'OUVRENT

I.— Nous avons vu comment, dans les siècles précédents, les nations européennes se précipitèrent à la conquête du continent mystérieux. Portugais, Anglais, Hollandais, tous étaient venus à leur tour; ils s'étaient établis sur les côtes, avaient même quelque peu pénétré dans le sud, mais l'intérieur du continent était demeuré presque entièrement fermé, en dépit de tous les efforts.

Les Portugais conservaient la possession précaire des terres qu'ils avaient découvertes, mais leur contrôle s'étendait rarement plus loin que la portée des canons de leurs forts. Un certain nombre de commerçants européens étaient établis le long de la côte occidentale, mais le plus souvent ils habitaient sur des pontons, à l'ancre dans quelque delta de rivière, ou dans des maisons construites tout près de la rive. Même dans l'Afrique australe, l'intérieur était inconnu au-delà de l'étroite limite formée par les fermes frontières.

De nombreuses barrières, insurmontables en apparence, contribuaient à fermer le vaste *hinterland*. Barrières physiques, dangers de la part des habitants sauvages et des bêtes féroces, manque d'eau et de vivres, difficultés de transport, tout cela se dressait en face de quiconque tentait de pénétrer au-delà de la ligne des côtes : c'en était assez pour faire reculer l'explorateur le plus hardi. Entre le haut plateau de l'intérieur et la côte de l'océan s'étendait une région menaçante de forêts et de marais, recouverte à marée basse d'une boue noire et pestilentielle, où la fièvre et la sécheresse s'opposaient à toute intrusion. Les tribus de l'intérieur n'avaient pas franchi ces barrières et n'étaient pas entrées en contact avec la vie du littoral ; peu d'influences avaient pénétré jusqu'à elles des bords de la mer, si ce n'est la plaie dévastatrice du commerce des esclaves. Le long de la côte, la fièvre multipliait ses victimes ! Les Européens succombaient en grand nombre sous les coups de ce fléau qu'ils ne connaissaient pas, et la mortalité s'éleva parfois, en une seule année, jusqu'aux trois quarts de l'effectif des colons dans un même endroit.

Néanmoins le continent exerçait toujours son attrait fascinant sur l'esprit des blancs. Des rumeurs de richesses incroyables, cachées au loin dans l'intérieur, poussaient les voyageurs à affronter tous les périls et à surmonter tous les obstacles. Plus d'un explorateur téméraire tenta l'aventure et ne revint jamais...

II. — Dès les temps les plus reculés, la région du Niger a eu la réputation de renfermer de fabuleux trésors accessibles à quiconque pourrait remonter le cours de cette rivière mystérieuse. Avec les progrès de la civilisation, des motifs plus élevés que la seule recherche du gain commencèrent à s'éveiller. En Europe, l'esprit scientifique sortait d'un long sommeil, et ce fut bien plutôt la soif de connaissance que celle de l'or qui provoqua la formation, en Angleterre, de l'*Association africaine*.

a) Cette société comptait parmi ses membres quelques-uns des plus grands penseurs de l'époque. Leur but était d'abaisser les barrières qui séparaient l'Afrique du reste de la civilisation. d'en découvrir les sombres et vastes régions pour résoudre les importants problèmes géographiques, au premier rang desquels figurait la découverte de la véritable source et du cours du Niger. C'est sur les bords de ce fleuve que se trouve la grande cité de Tombouctou, fondée par les marchands arabes et vers laquelle affluaient les richesses des régions septentrionales. Depuis des siècles, on discutait la question de savoir si le Niger se perdait dans d'immenses lacs, ou s'il s'écoulait vers le Nil ou ailleurs encore. Vers la fin du XVIIIme siècle, l'Association africaine avait fait en vain quatre tentatives distinctes pour suivre le cours du Niger : chacune des expéditions avait misérablement péri avec son chef.

b) Finalement l'Association trouva en la personne d'un jeune Ecossais, Mungo Park, l'homme qui lui parut tout à fait qualifié pour la poursuite de son dessein. Fils d'un petit fermier, Mungo Park reçut, dès sa tendre enfance, une éducation propre à élargir son esprit et à développer en lui le goût inné des voyages. Il fit ses premières études à Selkirk, passa ensuite à l'Université d'Edimbourg, et il avait le titre de docteur lorsqu'il éprouva le désir de partir pour l'Afrique. A l'âge de vingt-quatre ans, Mungo Park offrit ses services à l'Association africaine ; il fut agréé et, en 1795, il s'embarqua pour le continent mystérieux. Il se mit en route plein de zèle pour résoudre le problème qui avait fasciné et défié les géographes d'Europe depuis l'époque d'Hérodote. Un immense amour des voyages et l'ambition de donner à sa vie un but vraiment utile animaient le jeune Ecossais. Il partit de Pisania, petit village sur la Gambie, accompagné de deux serviteurs indigènes. Ne portant des vivres que pour deux ou trois jours à la fois, il remonta la Gambie et traversa le Sénégal. Des dangers et des difficultés sans nombre l'attendaient : pillage ou menus larcins de la part des indigènes dont il traversait les villages, lâcheté de ses serviteurs, cupidité des porteurs, sans parler de la fièvre, de la faim et de la soif !

Il se trouva bientôt au milieu de tribus musulmanes, adonnées à la traite ; c'est là que commencèrent ses pires tribulations. Il eut à endurer la captivité, la famine et les plus cruels traitements. Après avoir été pendant quatre mois prisonnier des Arabes, Park réussit à s'évader et à poursuivre sa route avec une santé affaiblie, manquant de vivres, d'argent et de guides, vêtu de haillons et ne dépendant plus que de la pitié des noirs. Il demeura néanmoins indomptable, fermement résolu à réussir dans son entreprise ou à mourir. Enfin, un matin de juillet, comme il approchait de la ville de Sego, un indigène s'écria : — *Geo afilli* (Regarde l'eau). « Alors, raconte Mungo Park, portant mes regards en avant, je vis avec un plaisir infini le grand objet de ma mission : le majestueux Niger, si longtemps désiré, étincelant au soleil levant, aussi large que la Tamise à Westminster et coulant calmement vers l'orient. »

En juillet 1796, Mungo Park prit le chemin du retour. Le voyage fut aussi ardu et périlleux qu'à l'aller : cependant, au milieu de ses plus grandes tribulations, il conserva toujours à l'égard des indigènes une patience merveilleuse, et jamais il ne recourut à la violence pour défendre sa vie. Le sentiment de la présence de Dieu lui communiquait une confiance qui le soutint au travers de circonstances capables de décourager l'homme le plus fort. Un jour, que des voleurs l'avaient dépouillé de presque tout ce qu'il portait sur lui et l'avaient abandonné dans le désert à des centaines de kilomètres de tout secours, il vit un brin de mousse qui le remplit de confiance en la providence de Dieu et lui fit oublier la faim et la fatigue. «... A ce moment, raconte Park, quelque pénibles que fussent mes réflexions, la beauté extraordinaire d'une petite mousse attira irrésistiblement mes regards. Je mentionne cela pour montrer quelles circonstances insignifiantes peuvent parfois consoler notre esprit. Bien que la plante tout entière ne fût pas plus grosse que le bout de mon doigt, je ne pouvais pas contempler sans l'admirer la délicate conformation de ses racines, de ses feuilles et de sa capsule: « Est-ce que l'Etre, » pensais-je, qui a planté, arrosé et amené à la » perfection, dans ce coin perdu du monde, un » objet d'aussi chétive apparence, peut contempler » avec indifférence la position et les souffrances » de créatures formées à sa propre image? Non, » certainement... » Tel fut l'esprit de confiance qui soutint l'intrépide voyageur jusqu'à la fin.

Le retour de Mungo Park dans son pays natal eut un certain retentissement, mais il n'obtint du gouvernement qu'une maigre récompense. Il chercha à s'établir en Ecosse comme médecin de campagne. Mais celui qui a vécu et souffert en Afrique ne peut jamais échapper à sa voix de sirène. Un incident rapporté par Walter Scott, qui fut un ami du grand explorateur, montre où le portaient ses pensées. Scott le trouva un jour occupé à jeter des pierres dans une rivière et à observer les bulles d'air qui se formaient dans l'eau : « Ce ne doit être là, lui dit le romancier, qu'un pauvre amusement pour quelqu'un qui a couru tant d'aventures tragiques ! » — « Pas aussi pauvre, peut-être, que vous le pensez, lui répondit Park. C'est de cette manière que je calculais la profondeur des rivières en Afrique, avant de me risquer à les traverser ; le temps que les bulles d'air mettaient à monter me renseignait sur la sécurité de la tentative. »

En 1805, Park repartit pour les bords du Niger à la tête d'une nouvelle expédition ; mais cette fois il était sous les auspices du gouvernement qui lui accorda un subside de 125,000 francs. Si incroyable que cela puisse nous sembler aujourd'hui, il quitta la côte avec une caravane de trente-huit soldats et marins anglais, soit en tout quarante-cinq Européens et presque pas un seul indigène ! La maladie et la mort ne tardèrent pas à éclaircir les rangs de son escorte et quand il atteignit enfin le Niger, sept de ses compagnons seulement étaient encore en vie. Il redescendit le fleuve sur un bateau formé de canots indigènes, mais lorsqu'il parvint dans la région de Sokoto, parmi les tribus hausa, l'hostilité des populations alla croissant. Finalement, il pénétra dans une gorge obstruée de rochers où il fut attaqué par les indigènes, et toute la petite troupe périt.

Deux traits caractéristiques distinguent Mungo Park et l'élèvent bien au-dessus du niveau de tous les explorateurs qui l'ont précédé. Il était animé d'un courage chrétien indomptable, et à côté de cela il avait une patience et un respect extraordinaires à l'égard des indigènes, qualités bien rares chez ceux qui tentèrent, avant lui, de pénétrer dans l'intérieur de l'Afrique. Dans les années qui suivirent sa mort, de nombreux tributs furent payés à sa mémoire.

c) Diverses autres tentatives de suivre le cours du Niger furent faites, mais ce ne fut qu'en 1830 que Lander parvint jusqu'à son delta et prouva que le fleuve se jetait dans l'Atlantique. Dès lors, un grand chemin était ouvert, et le commerce, ainsi que les missions, pouvaient étendre leurs opérations vers l'intérieur ; mais en dépit des efforts de Mungo Park et d'autres voyageurs animés du même esprit que lui, l'Afrique n'en resta pas moins la proie d'aventuriers qui ne recherchaient que leur profit, sans se préoccuper de l'intérêt du pays ou du bien-être de ses infortunés habitants. Longtemps encore on entendit le terrible refrain des exploiteurs sans scrupules : « Des esclaves, de l'ivoire et de l'or ! »

III. — La conscience de l'Angleterre se réveillait pourtant peu à peu et l'on commençait à comprendre de quelles injustices l'Afrique était la victime. Le gouvernement avait enfin été forcé d'agir et il avait envoyé vers la côte occidentale quelques croiseurs pour réprimer la traite des noirs et punir quelques négriers : le criminel trafic se poursuivait néanmoins d'une façon effrayante.

a) C'est alors que Fowel Buxton, douloureusement préoccupé de cet état de choses, en vint à la conclusion que « la délivrance de l'Afrique devait être accomplie au moyen de ses propres ressources. » Il comprit que la traite des noirs entravait toute la prospérité commerciale du continent et que, pour la supprimer, il fallait d'abord trouver une meilleure marchandise, propre à enrichir le pays et à faire comprendre aux chefs qu'il leur était plus avantageux de conserver leurs sujets pour développer les richesses naturelles que de les vendre aux marchands d'esclaves. « La Bible et la charrue, déclara Buxton, doivent régénérer l'Afrique. » Il profita de l'intérêt suscité par la découverte du cours du Niger pour proposer la formation d'une nouvelle Association africaine, destinée à nouer des relations commerciales avec les chefs des Etats où se poursuivait le commerce des esclaves. Une ferme modèle devait être établie à la jonction du Niger et du Bénoué ; le gouvernement ferait sa part, les compagnies commerciales feraient la leur, et les sociétés missionnaires évangéliseraient les indigènes.

En 1840, l'Association se trouvait constituée sous les auspices du prince Albert qui présida, à cette occasion, un grand meeting à Exeter Hall ;

l'année suivante, une expédition richement équipée, dont faisaient partie des savants, des commerçants et des missionnaires, s'embarquait à bord de trois vaisseaux construits spécialement pour cette entreprise. Les voyageurs remontèrent le cours du Niger sur un parcours de deux à trois cents kilomètres ; ils conclurent des traités avec quelques chefs et recueillirent d'utiles informations. Mais les malheurs ne tardèrent pas à fondre sur eux : la fièvre emporta quarante-deux blancs en deux mois. La ferme modèle fut établie à Lokoja, mais au bout de peu de temps ceux qui l'occupaient durent battre en retraite dans un état de santé lamentable, et l'expédition tout entière n'aboutit qu'à un désastreux échec. Son nom passa en proverbe et Buxton ne se remit jamais de cette douloureuse déception.

Toutes choses doivent être payées à leur valeur ; la régénération de l'Afrique ne pouvait pas être achetée à bon compte. Trop longtemps on avait recherché ses richesses sans se préoccuper du sort du pays lui-même ; trop d'Européens égoïstes et avides avaient exploité ses ressources et ses populations sans autre souci que de s'enrichir.

b) Parmi ceux qui furent prêts à risquer leurs biens pour sauver le pays et réparer en quelque mesure les hontes du passé, nous devons mentionner un philanthrope écossais, Macgregor Laird. Frappé des perspectives qu'ouvrait la découverte du Niger, il avait tenté plusieurs essais de développer le commerce sur les bords de ce fleuve. Il dépensa toute sa fortune en tentatives qui échouèrent les unes après les autres. En 1854, il expédia un petit vapeur qui comptait parmi ses passagers le pasteur nègre Samuel Crowther, un des membres de la précédente expédition de l'Association africaine. On profita des expériences du passé, on prit diverses précautions pour éviter de nouveaux désastres, et ainsi la petite *Pléïade* put remonter le Niger et le Bénoué et demeurer plusieurs mois dans ces contrées sans perdre un seul membre de son équipage.

Plusieurs chefs demandèrent qu'on leur apportât l'Evangile, et la Société missionnaire de l'Eglise anglicane s'efforça de répondre à ces requêtes. La difficulté consistait à maintenir les communications avec le monde extérieur. A force d'insister auprès du gouvernement, Laird obtint en 1856 de Lord Palmerston qu'un navire serait envoyé une fois par an sur le Niger. On put alors établir des stations commerciales et des stations missionnaires, mais, à ce moment même, Macgregor Laird mourut et l'œuvre de civilisation sur le Niger faillit sombrer complètement. L'agent consulaire, le Dr Blaikie, resta cependant à l'établissement de Lokoja et des missionnaires s'établirent à proximité des factoreries ; mais la petite colonie se trouva pendant longtemps complètement séparée du reste du monde.

Dans la suite, le commerce aboutit bien plus à démoraliser les noirs qu'à les relever.

c) Sir George Taubmann Goldie visita pour la première fois le Niger en 1877. Il vit immédiatement quels maux engendrait la désastreuse concurrence que s'y faisaient les Européens. Il entreprit alors de fusionner toutes les sociétés commerciales et de racheter les compagnies françaises; finalement, il réussit à lancer la Compagnie nationale africaine, au capital de vingt-cinq millions de francs. Il obtint ensuite une charte royale avec des droits territoriaux considérables, et sa compagnie prit le nom de Compagnie royale du Niger. Grâce à son active administration. de vastes régions furent ouvertes au commerce, et des expéditions militaires, conduites avec succès, triomphèrent de l'influence néfaste jusqu'alors exercée par les tribus esclavagistes.

IV. — L'activité déployée par les Anglais sur le Bas-Niger stimula beaucoup celle des Français qui donnèrent, à ce moment. un rapide développement à la contrée s'étendant du Sénégal et de la Gambie jusqu'aux sources supérieures du Niger. Aux environs de 1860, Paul du Chaillu avait exploré le Gabon et les régions boisées de l'Afrique équatoriale, mais ses récits avaient rencontré une grande incrédulité. On trouve pourtant dans ses livres de remarquables descriptions de la vie des hommes et des bêtes, et ses collections scientifiques sont d'une richesse et d'une originalité sans rivales.

CAMPEMENT EN VOYAGE (Transvaal).

Au sud de l'Afrique, le [illegible] rapide-ment [illegible] par les efforts [illegible] d'un [illegible] [illegible] [illegible] [illegible] et [illegible] [illegible] [illegible] [illegible] de [illegible] [illegible] [illegible] [illegible] par [illegible] ment que leur causaient les lois anglaises, les [illegible] par le [illegible] changement [illegible] de [illegible] de nouveaux [illegible] [illegible] ment le [illegible] Orange, [illegible] et s'éta-blirent au [illegible] de [illegible] dans des [illegible] par de [illegible] tribus indi-gènes.

Ce furent aussi les [illegible] missionnaires qui [illegible] faire connaître l'Afrique [illegible] Le Dr Moffat explora tout le pays des Béchouanas [illegible] jusque dans le [illegible] des Matabélés ; ses voyages [illegible] [illegible] pour l'évangile [illegible]

— [illegible]

Au sud de l'Afrique, le pays s'ouvrait rapidement, moins par les efforts héroïques d'un ou deux explorateurs que par l'accroissement graduel de la colonisation et grâce à diverses influences d'ordre politique. De nombreuses troupes de fermiers se frayaient peu à peu un chemin vers le nord ; les uns étaient poussés par le mécontentement que leur causaient les lois anglaises, les autres par le besoin de changement et par le désir de s'emparer de nouveaux territoires. Ils traversèrent le fleuve Orange, puis le Vaal, et s'établirent au prix de sanglants combats dans des pays occupés jusqu'alors par de fières tribus indigènes.

Ce furent aussi les premiers missionnaires qui contribuèrent à faire connaître l'Afrique australe. Le Dr Moffat explora tout le pays des Béchuanas et parvint, au nord, jusque dans la contrée sauvage des Matébélés ; ses voyages, entrepris uniquement par zèle pour l'Evangile, frayèrent des routes qui ne se refermèrent jamais.

V. — La gloire d'apporter les plus importantes contributions à notre connaissance géographique de l'Afrique australe et centrale était cependant réservée à un autre. David Livingstone, la plus grande figure de l'histoire moderne de l'Afrique, naquit près de Glasgow en 1813. Il reçut une excellente instruction, travailla plusieurs années durant l'été dans une manufacture de coton, obtint le grade de docteur et partit pour l'Afrique en 1840. en qualité de médecin missionnaire. Pendant trente-trois ans, il consacra toute sa vie et toutes ses forces au service de l'Afrique. Il travailla sur diverses stations missionnaires ; lorsqu'il avait achevé quelque part les pénibles travaux de fondation et d'organisation. il passait à un nouvel effort, laissant à d'autres la jouissance du fruit de son travail.

Livingstone voyagea sain et sauf à travers les tribus indigènes les plus féroces et parvint jusqu'à la cour de leurs chefs ; même les sauvages les plus dégradés reconnaissaient obscurément le pouvoir étrange de ce voyageur taillé à la hache et vêtu de haillons, « dont la méthode était basée sur les règles d'une équité parfaite, d'un tact sûr et de manières distinguées. »

A mainte reprise, il eut à souffrir de la solitude, du découragement, de la dépression terrible causée par la fièvre malarienne et d'une impression de mortelle sécheresse spirituelle provenant d'un isolement complet et prolongé pendant des mois, alors qu'il n'avait pour toute compagnie que quelques porteurs indigènes d'une intelligence à peine supérieure à celle des bêtes qu'ils chassaient ou qui les poursuivaient. Cependant quelques années d'expériences convainquirent Livingstone qu'en Afrique l'exploration géographique doit précéder l'entreprise missionnaire. Aussi résolut-il d'ouvrir un chemin dans l'intérieur ou de périr !

a) Au cours d'un de ses voyages, après deux mois de pénibles efforts à travers le désert aride du Kalahari, il découvrit le lac Ngami ; ce ne fut là qu'un simple incident dans sa recherche des Makololos. Après trois tentatives, il atteignit finalement le village de leur chef. Ces expéditions lui firent faire son apprentissage d'explorateur, et il ne tarda pas à repartir, en quête de nouvelles régions inconnues.

Les Makololos habitaient loin des routes commerciales de l'Afrique centrale. Entre eux et les principales places de marché, s'étendait le redoutable désert du Kalahari, dans lequel de nombreuses caravanes d'Européens et d'indigènes avaient péri de soif, et où Livingstone lui-même faillit mourir avec toute sa famille. Il avait compris que, sans commerce, un peuple ne peut accomplir aucun progrès durable, et il se rendait compte, d'autre part, qu'il n'y avait aucun débouché vers le sud pour les quantités d'ivoire et de bestiaux que possédaient les Makololos. La grande distance des marchés décourageait toute tentative de développement agricole, et le coût des produits européens rendait impossible à un blanc de vivre dans cette contrée, du moins avec un traitement de missionnaire, sans tomber au niveau des noirs. C'est ce qui décida Livingstone à chercher une route pour atteindre les marchés de la côte occidentale, et il partit avec une petite troupe pour les pays inconnus qui le séparaient de la mer. Il se sentait poussé par Dieu à cette mission inséparable de l'œuvre d'évangélisation ; il écrivait à cette occasion : « J'irai envers et contre tous ! »

Il atteignit le Zambèze et en remonta le cours, surpris de voir que ce fleuve venait d'une région aussi septentrionale. Livingstone traversa tribu après tribu, reçu de façon hospitalière par les indigènes libres, mais repoussé avec menaces partout où les marchands d'esclaves avaient passé. « Ce peut n'être qu'une coïncidence, écrivait-il, mais nous n'avons jamais été exposés à des vols ou à des violences de la part des indigènes, sauf là où ils étaient habitués à la traite. » C'est aussi l'expérience faite par Mungo Park et par d'autres voyageurs.

Enfin, après avoir échappé à maints dangers, provenant du climat, du manque de vivres et de la malveillance des populations, il parvint à Loanda, sur la côte occidentale, pauvre et en haillons, réduit à l'état de squelette par la maladie. Après quelques mois de repos, il s'en retourna au pays des Makololos, ayant démontré à ses gens quel débouché avantageux ils pourraient trouver sur la côte occidentale.

Livingstone n'était pas pleinement satisfait de ce qu'il avait trouvé à l'ouest, bien qu'il sût qu'à l'avenir aucun voyageur n'aurait plus à souffrir autant que lui, à cause de son inexpérience ; c'est pourquoi, après un court séjour chez les Makololos, il repartit pour le Zambèze et se dirigea vers la côte orientale : ce fut au cours de cette expédition qu'il découvrit les merveilleuses Chutes Victoria. Sa descente du Zambèze fut pleine de dangers. A maintes reprises, il vit la mort de près, grâce à la haine furieuse des indigènes contre les hommes blancs, amateurs d'esclaves. Enfin, en mai 1856, il atteignit Quilimane, près de quatre ans après son départ du Cap, où il avait quitté sa femme.

Livingstone unissait d'une façon étonnante les travaux du missionnaire, du médecin, de l'explorateur, du savant et du linguiste. Il fut le premier Européen qui traversa l'Afrique et qui décrivit le cours du Zambèze ; mais ce fut surtout son étonnante révélation des régions de l'Afrique centrale qui donna du prix à son expédition. Jusqu'alors on se les était représentées comme les plus pauvres du monde, à peine plus fertiles que le Sahara : des contrées sablonneuses et désertes où se perdaient les fleuves. Les voyages de Livingstone, entre 1852 et 1856, prouvèrent « que ce sont des territoires bien arrosés, avec de larges étendues de bonne terre fertile, couverts de forêts et de belles vallées herbeuses, habités par une population considérable. »

Cependant les explorations de Livingstone n'aboutissaient jamais à de simples renseignements géographiques. Ses observations étaient plus détaillées et plus soigneuses que celles de la plupart des voyageurs, car il s'intéressait par-dessus tout à l'avenir des indigènes dont il découvrait le pays. Partout où il allait, il ouvrait des portes par lesquelles d'autres pouvaient entrer. Son appel aux étudiants de Cambridge, lors de son premier retour en Europe, retentit à travers toute l'Angleterre, et il n'a rien perdu aujourd'hui de son émouvante vigueur : « Je retourne en Afrique pour essayer de frayer un nouveau chemin au commerce et au christianisme ; à vous de poursuivre l'œuvre que j'ai commencée ; *je vous la lègue.* »

b) Il repartit en 1858 pour le Zambèze. Au cours de cette expédition, il découvrit le fleuve Shiré, le lac Chilwa, le lac Nyassa, et ouvrit d'une façon effective à toutes les nations la région des grands lacs qui avait été honteusement fermée par les Portugais. Mais la joie de ces découvertes fut assombrie pour lui par l'horreur de la traite, car il la vit alors à sa vraie source, décimant les populations et réduisant en déserts des vallées florissantes. Ce fut la révélation de ces actes affreux qui poussa l'Europe à combattre plus énergiquement le commerce des esclaves. De nouvelles explorations, l'établissement de protectorats européens et les progrès d'un commerce loyal dans l'Afrique orientale et centrale, tels furent les résultats de ses patients voyages et de ses vigoureux appels à repousser les négriers arabes et portugais.

Livingstone avait fait deux courtes visites en Angleterre ; il y avait été couvert d'honneurs, et partout on l'avait accueilli comme un héros, mais son seul désir était de provoquer un intérêt actif pour son pays d'adoption. Ayant accompli cette tâche, il repartit afin de consacrer à l'Afrique ses dernières années, sans se soucier de l'honorable situation qu'il eût pu occuper dans son pays. Il mourut en mai 1873 à Ilala, sur les bords du lac Bangouéolo, usé par la maladie et par la fatigue, loin de sa patrie et de ses semblables, assisté seulement par de fidèles porteurs indigènes.

c) La contribution de Livingstone à la prospérité de l'Afrique est incalculable. Comme on l'a dit : « Ni feu, ni eau, ni mur de pierre n'auraient pu arrêter Livingstone dans l'accomplissement d'un devoir, une fois qu'il l'avait reconnu. » Jamais il ne reculait, toujours il allait de l'avant, sourd aux applaudissements du monde et insensible à toutes les séductions de la fortune ou de la gloire, n'ayant qu'un seul but devant les yeux : le bien de millions de ses semblables qu'il lui fallait amener au Christ dont il était l'humble et fidèle disciple. Ce fut la main de Livingstone qui ouvrit la porte scellée de l'Afrique ; ce fut lui qui en dévoila l'intérieur caché et qui révéla au monde l'étendue du mal horrible de la traite des noirs. C'est grâce à ses efforts que l'Europe prit enfin de tardives mais effectives mesures pour réprimer ce fléau. Il fut le premier à attirer l'attention sur ces deux grandes plaies de l'Afrique : la fièvre et la mouche tsé-tsé ; mais il fit bien plus encore ! Partout où il alla, il laissa derrière lui une bienfaisante influence. Des administrateurs, des missionnaires, des explorateurs, des marchands le suivirent, et sa mort consacra l'Europe à la rédemption de l'Afrique. Cette parole d'un étranger résume assez bien le résultat attribuable, avant tout, à l'œuvre et à l'influence de Livingstone : « Au XIXe siècle, le blanc a fait du noir un homme ; au XXe siècle, l'Europe fera de l'Afrique un monde. »

Quel fut donc le secret de l'activité admirable de Livingstone ? Ainsi que nous l'avons vu, il se mit à l'œuvre seul, sans fortune et sans protections, n'ayant aucune expérience pour le guider, et pourtant, dans l'espace d'une seule génération, il accomplit une œuvre dont les conséquences sont incalculables. Parmi les diverses conclusions qu'on en peut tirer, celle-ci au moins est incontestable : l'attitude de Livingstone à l'égard de l'Afrique était empreinte d'un esprit plus large et plus élevé que celui de tous ses prédécesseurs.

VI. — Avant le départ de Livingstone pour sa première expédition au Zambèze, deux missionnaires allemands, Krapf et Rebmann, au service des missions anglicanes, s'étaient livrés à d'importantes explorations dans l'Afrique centrale. Partis de leur station située sur la côte orientale, non loin de Mombasa, ils avaient entrepris une tournée missionnaire dans l'intérieur et découvert les sommets neigeux du Kilimandjaro et du Kénia ; ce fait n'était mentionné qu'incidemment dans leurs rapports missionnaires, mais il fut très remarqué en Europe où on l'accueillit avec beaucoup d'incrédulité et même de moquerie. Peu après, Rebmann envoya en Angleterre une carte de l'intérieur dressée d'après les rapports de marchands arabes, et sur laquelle il y avait une grande mer « semblable à une monstrueuse limace » au cœur de l'Afrique. Lorsque cette carte fut exposée dans les salles de la Société géographique, elle provoqua un intérêt particulier, et, en 1856, Speke et Burton furent envoyés à la découverte de ladite mer intérieure. C'est ainsi que les missionnaires attirèrent vers l'est le courant des explorations, en démontrant que l'intérieur du continent était plus accessible de ce côté-là. D'autres explorateurs suivirent les missionnaires, à commencer par Speke et Burton, qui découvrirent le lac Tanganyika et l'extrémité méridionale du Victoria Nyanza. Plus tard, Speke repartit avec Grant pour explorer le Nil, tandis que Sir Samuel et Lady Baker, voyageant pour leur propre compte, découvraient le lac Albert Nyanza et donnaient la solution du problème qui avait hanté Livingstone à la fin de sa vie, celui des sources du Nil.

VII.— Enfin vint H.-M. Stanley. Sa première visite en Afrique avait eu pour but de secourir Livingstone ; bientôt nous le retrouvons au cœur même du continent. Parti de Mombasa, il atteignait l'Ouganda en 1875. Il séjourna longtemps à la cour de Mtesa qui était devenu un homme posé et réfléchi, très différent du jeune homme vaniteux que Speke et Grant avaient rencontré jadis. Il avait embrassé l'islam, mais Stanley lui dit qu'il existait une religion bien plus élevée, et il lui enseigna les vérités chrétiennes. Cet événement inspira à Stanley sa fameuse lettre au *Daily Telegraph*, dans laquelle il sommait la chrétienté d'envoyer une mission dans l'Ouganda. L'appel fut accepté par la Société missionnaire de l'Eglise anglicane, et l'année suivante elle fit partir une première escouade missionnaire. Avant que le Comité eût définitivement résolu d'entreprendre cette mission, il fut averti par des hommes bien au courant des choses d'Afrique que si Stanley avait réussi à faire un voyage de quinze cents kilomètres à travers le pays pour atteindre l'Ouganda, d'autres trouveraient peut-être cette tâche impossible, et que même si l'on parvenait à y établir des missionnaires, la difficulté serait de maintenir avec eux les lignes de communication. Au point de vue topographique déjà, la route présentait de grands dangers ; en outre, il y avait des tribus sauvages, comme celle des Masaï, qui s'efforceraient de barrer la route et feraient courir de grands dangers aux caravanes. Cependant on tenta l'aventure et on envoya les missionnaires. Lorsque, dans les années qui suivirent, toutes les communications avec l'intérieur furent coupées, et lorsque la mort des missionnaires et la situation troublée du pays semblèrent rendre impossible le maintien de la mission, on crut sérieusement qu'il faudrait abandonner l'Ouganda, et pourtant l'histoire de l'évangélisation de ce pays est une des pages les plus glorieuses des annales des missions africaines. Les noms d'Alexandre Mackay et de l'évêque Hannington sont inscrits, à côté de celui de Livingstone, dans la liste de ceux qui donnèrent leur vie pour les peuples de l'Afrique.

Stanley quitta le Victoria Nyanza en 1876 et parvint au Tanganyika. Il naviga tout autour de ce lac et en explora soigneusement les côtes. Immédiatement après, la Société missionnaire de Londres acceptait l'offre de 125,000 francs que lui faisait M. Arthington, pour l'acquisition d'un bateau à vapeur et l'établissement d'une station missionnaire quelque part sur les bords du lac. Dès ce moment, les tribus indigènes que Burton avait visitées pour la première fois en 1857 entrèrent toujours davantage en contact avec le commerce européen et avec les messagers de l'Eglise chrétienne. En 1877, Stanley atteignit le Congo dont il descendit le cours majestueux jusqu'aux cataractes, ouvrant ainsi un territoire immense qu'aucun homme n'avait encore vu et que l'on pourrait facilement atteindre par la navigation fluviale. Le résultat immédiat de la découverte de Stanley fut la fondation de la mission du Congo par la Société missionnaire baptiste, libéralement soutenue par M. Arthington, l'ami des missions d'avant-garde. Ensuite le roi des Belges Léopold, dont l'imagination avait été enflammée par les exploits de Stanley, fonda l'Etat indépendant du Congo, en se servant du grand explorateur comme de son émissaire : alors l'administration et le commerce furent introduits dans le pays.

VIII. — Nous avons vu comment l'Afrique se trouva peu à peu dévoilée aux yeux de l'Europe chrétienne. Nombreux furent ceux dont les efforts contribuèrent à ouvrir le grand continent inconnu ; leurs motifs étaient d'ordre divers, et les résultats qu'ils obtinrent furent parfois gigantesques et parfois à peine visibles. Mais au temps marqué, lorsque l'Eglise chrétienne eut ouvert ses oreilles à l'appel lointain et son cœur à la pitié, lorsque les nations civilisées eurent appris — en quelque mesure — à élever les races primitives au lieu de les exploiter, seulement alors Dieu permit la révélation de l'Afrique ; et chaque fois que quelque progrès fut réalisé, il le fut par l'esprit qui anima Livingstone et ses semblables.

Les barrières étaient renversées et un grand continent, avec une population d'environ 125 millions de païens, se trouva ouvert. La longue, longue nuit de l'Afrique était achevée !

CHAPITRE III

L'INFLUENCE DE L'EUROPE SUR L'AFRIQUE

Sommaire.

I. — Europe et Afrique.

II. — Le commerce des esclaves.

- *a*) Traite américaine.
- *b*) Mouvement abolitionniste.
- *c*) La traite sur la côte orientale et dans l'Afrique centrale.
- *d*) Esclavage moderne.

III. — La colonisation européenne.

- *a*) Portugal.
- *b*) Grande-Bretagne.
  - 1. Côte occidentale.
  - 2. Afrique australe.
  - 3. Afrique orientale et centrale.
- *c*) Belgique et Congo.
- *d*) France.
- *e*) Allemagne.
- *f*) La lutte pour la suprématie.

IV. — Les résultats de la colonisation européenne.

- *a*) Bon gouvernement.
- *b*) Commerce.
- *c*) Trafic des liqueurs.
- *d*) Attitude dans la question du travail.
- *e*) Suppression des coutumes barbares.

V. — Conclusion.

CHAPITRE III

L'INFLUENCE DE L'EUROPE SUR L'AFRIQUE

I. — L'histoire de l'Afrique elle-même a bien plus d'importance pour l'Européen que celle de ses explorateurs. En effet, ce continent est uni aujourd'hui à l'Europe par des liens politiques — bons ou mauvais — tels que les premiers voyageurs ne pouvaient pas même les soupçonner. D'une génération à l'autre, les rapports entre les deux continents sont devenus de plus en plus étroits ; aujourd'hui l'Afrique n'est plus isolée ; son destin est au contraire indissolublement uni à celui de l'Europe. On peut se demander comment il se fait que l'Afrique occupe actuellement une telle place dans les sphères politiques et morales du monde.

II. — Pendant de longues années, le principal facteur qui retarda le développement de l'Afrique fut le commerce des esclaves. Dans un livre comme celui-ci, il est impossible de traiter en détail un sujet aussi vaste. Nous avons vu, dans les chapitres précédents, comment les héroïques projets du prince Henri furent anéantis par ses successeurs devenus marchands d'esclaves. Le Portugal ne tarda pas à être compromis tout entier dans ce hideux commerce, et il est triste de constater qu'on le justifia même parfois au point de vue chrétien et philanthropique.

a) L'Espagne contracta l'infection dans la personne du dominicain Las Casas, connu sous le nom d'« apôtre des Indes ». Dans son zèle pour les Indiens du Nouveau-Monde, qui avaient été réduits en esclavage, il sacrifia les Africains, considérant ces derniers comme une race plus résistante et plus propre aux durs travaux qui exterminaient les Indiens. Il vécut assez pour déplorer amèrement sa cruelle erreur ; mais le mal était alors sans remède. En effet, à son instigation, on exécuta le projet d'importer des Africains en Amérique. Par humanité, le pape et le puissant cardinal Ximénès s'y opposèrent, mais l'empereur Charles V sanctionna le trafic et donna à l'un de ses favoris une patente pour l'importation des infortunés Africains. Les déplorables conséquences d'un pareil état de choses ne tardèrent pas à se produire. D'Espagne, la tache s'étendit à la Grande-Bretagne, et bientôt ce pays, avec l'énergie qui le caractérise dans toutes ses entreprises — bonnes ou mauvaises — se trouva engagé à fond dans ce trafic. C'est Sir John Hawkins qui passe pour avoir initié l'Angleterre à ce honteux commerce. Lorsqu'il revint de son premier voyage, la reine Elisabeth exprima sa désapprobation touchant ses procédés à l'égard des Africains, et elle déclara que « pareille conduite était détestable et attirerait la vengeance du ciel ». Mais le prix que Hawkins obtenait à Saint-Domingue pour ses esclaves était une tentation trop forte, et il continua à brûler les villes le long de la côte et à exciter les tribus indigènes à se faire mutuellement la guerre, afin de pouvoir se procurer de la marchandise humaine. Lorsqu'il quitta l'Angleterre pour la troisième fois, en 1567, à destination de l'Afrique, c'était — en fait, sinon officiellement — pour une entreprise nationale. Dès lors, la participation de la Grande-Bretagne à la traite des noirs fut de plus en plus grande. Un siècle plus tard, Charles II et son frère Jacques instituent une compagnie chargée de fournir annuellement trente mille esclaves. Un peu après, l'Angleterre s'assura le monopole du commerce pour l'approvisionnement en esclaves des Indes occidentales. Au commencement du XVIIIme siècle, les vaisseaux négriers quittaient Liverpool, Bristol et Plymouth, au nombre de cent-quatre-vingt-douze par année, tous à destination de l'Afrique. Durant les cent années que durèrent les règnes de Charles II et de Georges III, plus de deux millions d'esclaves furent importés dans les seules colonies anglo-américaines ! D'où venaient-ils tous? Des bords de la Gambie et des autres fleuves du sud de Sierra-Leone, ainsi que des deltas du Niger et du Congo. C'est alors que surgit la race de marchands connus sous le nom de « Bandits de la Rivière de l'Huile » qui établirent à l'embouchure de ces fleuves un vaste commerce de fusils, de munitions et d'eau-de-vie, qu'ils échangeaient contre des esclaves. D'indescriptibles horreurs résultaient de cet odieux trafic ; l'asservissement de ces millions d'hommes, de femmes et d'enfants innocents faisait couler des flots de larmes et de sang, et des tribus entières disparaissaient rapidement. Des communautés paisibles et prospères étaient dégradées et réduites à la condition des bêtes sauvages des forêts. Les cultures étaient abandonnées et l'on ne plantait plus d'arbres, car il n'y avait plus de sécurité ni pour la vie, ni pour la propriété.

La traite semblait exciter les plus cruels instincts de l'homme : les sévices infligés par leurs maîtres aux esclaves enchaînés, durant leur transport à la côte, défient toute description ; et pourtant, arrivés là, ils n'étaient pas au bout de leurs misères, car ils avaient encore à affronter les horreurs de la traversée : un tiers à peine de ceux qu'on embarquait à la côte d'Afrique parvenaient de l'autre côté de l'océan ! Tout cela afin d'enrichir les planteurs de canne à sucre aux Indes et les cultivateurs de coton de l'Amérique du Sud.

b) Il y eut cependant toujours des hommes éclairés pour regarder ce commerce avec horreur et mépris, et durant tout le XVIIIme siècle, un mouvement d'opinion, de plus en plus fort, se produisit en Angleterre contre la traite. Les abolitionnistes remportèrent un premier succès au cours d'un procès soutenu par Granville Sharp en faveur d'un esclave. Perdu en première instance, ce procès fournit ensuite à Lord Mansfield l'occasion de prononcer un jugement demeuré célèbre et qui déclarait libre tout esclave, du jour où il mettait le pied sur terre anglaise. En 1785, le vice-chancelier de Cambridge instituait, pour un travail contre l'esclavage, un prix qui fut obtenu par Clarkson; puis ce furent Adam Smith, le Dr Johnson et bien d'autres encore qui apportèrent dans cette lutte le poids de leur influence. Enfin Pitt, le premier ministre, prit l'affaire en mains, grâce surtout aux instances de son ami William Wilberforce, connu plus tard sous le nom de « l'interprète autorisé de la conscience nationale » dans la question du commerce des esclaves. Pendant dix-sept ans, cet homme consacra toutes ses énergies au triomphe de la bonne cause. plaidant sans cesse — tant en public qu'en particulier — la cause des pauvres esclaves. A maintes reprises, ses partisans et lui furent battus, en dépit de sa grande éloquence et de son immense popularité, et celui que l'on a appelé « l'homme le plus religieux et le plus spirituel de l'Angleterre » désespérait presque de jamais triompher, lorsqu'enfin, en 1807, le vent tourna et l'Acte d'abolition pour le trafic d'outre-mer fut voté. Il ne faut pas oublier que malgré l'appui de Pitt et d'autres hommes influents, Wilberforce avait à lutter contre le monde commercial et contre des personnalités puissantes dont les fortunes provenaient souvent, de façon directe ou indirecte, de la traite des noirs. En 1833, un mois après la mort de Wilberforce, l'Acte d'émancipation des esclaves fut proclamé par le Parlement, et dès lors la réforme commença à triompher.

Au Danemark et en Amérique, le mouvement d'opposition s'était dessiné plus tôt qu'en Grande-Bretagne ; en 1817, un traité international avait identifié les négriers aux pirates et autorisé les croiseurs anglais à fouiller les navires et à mettre les captifs en liberté ; mais aucune punition n'était infligée aux capitaines ; les armateurs assuraient leurs cargaisons et poursuivaient avec profit leur trafic ; chaque esclave que l'on parvenait à débarquer au Brésil représentait une somme de 1250 fr. Longtemps l'Espagne et le Portugal furent les seules nations à continuer le commerce ; mais l'Angleterre, qui avait eu précédemment la plus grande part dans ce crime de lèse-humanité, obtint en 1820 du gouvernement espagnol, pour le prix de dix millions de francs, puis en 1836 du Portugal, pour le prix de sept millions et demi, une loi interdisant à tous leurs sujets d'exporter des esclaves africains. Les hommes d'Etat qui acceptèrent cet argent désiraient peut-être sincèrement lutter contre le mal, mais en réalité leurs efforts furent inutiles. C'est ainsi qu'en 1858, on calcula qu'un millier d'esclaves avaient été débarqués quotidiennement à Cuba ou au Brésil, en dépit d'une grande mortalité durant le voyage à la côte ou sur mer. Les marchands américains ou portugais qui, après s'être exposés aux croiseurs anglais, parvenaient à débarquer leur cargaison humaine de l'autre côté de l'Atlantique, réalisaient un bénéfice de cent cinquante ou de deux cents pour cent ! Le système de patrouilles navales, adopté par l'Angleterre, semblait si inefficace et était si coûteux que constamment on en demandait l'abolition. En 1849 et 1850, une recrudescence du trafic des esclaves se produisit grâce à l'introduction du libre-échange, et surtout à cause de l'abolition des droits d'entrée sur le sucre. La culture de la canne à sucre se développa beaucoup au Brésil et à Cuba, par conséquent aussi la demande d'esclaves augmenta, et ce ne fut qu'après l'abolition de l'esclavage au Brésil, en 1888, que le trafic cessa enfin sur l'Atlantique. Ce fut le salut de l'Afrique, car immédiatement alors, le commerce légitime recommença à fleurir sur la côte occidentale et sa moyenne, pour l'ivoire et la poudre d'or, s'éleva de 500,000 francs à plus de 50 millions par an.

c) Entre temps, le fléau de l'esclavage avait décimé les populations de la côte orientale comme celle de l'ouest. Là, c'étaient les Arabes et les Portugais qui se livraient au trafic. Dans ses récits de voyage sur le Zambèze, Livingstone parle de villages en flammes, de communautés anéanties et de cadavres flottant sur la rivière en si grand nombre qu'il fallait, le matin, dégager les roues du vapeur des corps que les crocodiles repus ne pouvaient pas manger ! De tels spectacles l'amenèrent à user de toute son influence pour faire cesser l'esclavage portugais. Grâce à la pression exercée de Londres, les autorités de Lisbonne envoyèrent des instructions aux gouverneurs et aux employés des colonies, leur ordonnant de s'abstenir de toutes relations avec le commerce des esclaves. ...Ce fut en vain, car ce commerce était leur unique moyen de gagner de l'argent pour leur entretien. Naturellement les dénonciations de Livingstone lui attirèrent le mauvais vouloir des Portugais, mais les méfaits commis dans leurs colonies devinrent si notoires qu'ils furent, à leur tour, contraints de renoncer à toute participation ouverte à la traite. Restait encore le plus grand coupable : le sultan de Zanzibar. Vers 1870, il ne passa pas moins de dix-neuf mille esclaves à la douane de Zanzibar, venant uniquement de la région du Nyassa. « Et encore, — déclare Livingstone, — c'est à peine un cinquième des victimes de la traite qui deviennent esclaves ; si l'on prend la moyenne pour la vallée du Shiré, ce n'est pas même un sur dix qui parvient à destination. » Outre ceux qui passaient à l'octroi, « des milliers — ajoute Livingstone — sont tués ou meurent de leurs blessures ou de la faim. Des milliers périssent dans des guerres meurtrières soutenues contre leurs parents ou leurs voisins pour se procurer des esclaves. Les nombreux squelettes que nous avons vus dans les rochers et dans les bois, près des petits étangs ou le long des sentiers dans le désert, témoignent de l'horrible sacrifice de vies humaines qui est la conséquence directe ou indirecte de ce commerce infernal. » Enfin, en 1872, l'Angleterre envoya Sir Bartle Frere auprès du sultan de Zanzibar, pour tenter de conclure avec lui un traité destiné à arrêter le trafic sur mer. Le sultan refusa tout d'abord de le signer, mais la vue d'une flotte de canonnières anglaises, françaises et américaines, en rade de Zanzibar, le fit céder. Le traité en question interdisait le transport des esclaves par mer, mais il ne touchait pas à l'esclavage domestique... et il ne mit pas fin au trafic maritime qui trouvait un large débouché en Arabie et près du Golfe persique, comme dans les Etats mahométans du sultan.

Ce ne fut qu'au commencement de ce siècle que la traite cessa réellement, et cela, en une large mesure, grâce à l'établissement des protectorats européens.

d) Cependant le trafic de chair humaine n'est pas encore complètement supprimé. Des caravanes d'esclaves sont encore conduites de l'intérieur du continent aux côtes occidentale et septentrionale, et aussi longtemps qu'il y aura des hommes pour demander des esclaves, il y en aura pour les leur fournir. Dans l'*hinterland* des protectorats de la côte occidentale, surtout de la Nigéria du Nord, où l'autorité européenne n'a pas encore pénétré, l'esclavage sévit toujours, tant en vue des sacrifices humains que pour l'usage domestique ou pour les marchés de l'Afrique du Nord. Des négriers poursuivent le commerce sur la Mer Rouge, malgré la présence de trois ou quatre canonnières ; on transporte encore des esclaves à Tripoli[1] de Darfour et de Wadaï dans le Soudan. Des caravanes d'esclaves circulent le long du fleuve Shari entre l'Afrique occidentale, l'Afrique centrale et la Mecque. On cherche encore des esclaves dans l'Angola, avec le consentement tacite des colons portugais[2].

III. — Il fait bon quitter ce triste chapitre de l'esclavage en Afrique pour passer aux pages plus lumineuses traitant de l'entreprise commerciale et du développement économique du continent noir.

a) La colonisation de l'Afrique commença au Moyen-âge, lorsque le Portugal — qui fut le plus ancien et le plus grand des Etats colonisateurs avant les temps modernes — planta tout à la fois son drapeau et la croix dans les ports et sur les caps, tant à l'est qu'à l'ouest du continent. Sur plusieurs points de la côte occidentale, les Portugais construisirent des forts et ouvrirent des

[1] Ceci a été écrit avant la guerre italo-turque (N. du trad).

[2] Cette assertion n'est peut-être plus exacte aujourd'hui ? (N. du trad.)

comptoirs, mais somme toute, leurs efforts, durant trois siècles d'occupation, n'aboutirent qu'à une faillite. Ce ne furent que révoltes et que massacres de noirs aboutissant toujours à la retraite ignominieuse des blancs. Sur la côte orientale, les choses n'allèrent guère mieux : là, les Portugais avaient à lutter contre les Arabes aussi bien que contre les indigènes, et ils ne tardèrent pas à dégénérer sous l'action démoralisante du lucre, comme sous celle de la fièvre. Le commerce fut bientôt étouffé par la corruption des employés de l'Etat et par les lourdes taxes imposées sur la culture du café et sur les autres industries ; c'est pourquoi, pendant longtemps, les indigènes vivant dans le voisinage des colons portugais furent les plus misérables et les plus dégradés de tous.

Néanmoins l'influence du Portugal ne fut pas sans résultat heureux pour l'Afrique, grâce surtout à l'introduction de nombreuses plantes qui devinrent la principale nourriture, tant des noirs que des blancs. Ce furent les Portugais qui introduisirent l'oranger, le citronnier, etc. Du Brésil, ils importèrent le poivre, le maïs (que l'on cultive aujourd'hui partout en Afrique, même là où l'on n'a jamais entendu parler des Européens), le tabac, l'ananas, la tomate, les patates, etc. Si l'on retranchait de la nourriture des Africains tout ce qu'ils doivent aux Portugais, il ne leur resterait que fort peu de choses !

b) 1. La Grande-Bretagne suivit de très près le

Portugal ; mais, tandis qu'aujourd'hui elle couvre partout ses ressortissants de sa protection civile et militaire, aux temps d'Elisabeth et des Stuarts, l'œuvre de colonisation se faisait beaucoup plus par entreprise individuelle [1]. Des aventuriers et des marchands traversaient l'Atlantique, longeaient la côte occidentale, y établissaient de petites stations séparées les unes des autres, puis retournaient chercher en Grande-Bretagne du personnel et des marchandises afin d'affermir peu à peu leurs établissements. C'est ainsi que furent fondées les colonies de la Gambie, de Sierra Leone, de la Côte d'Or, de la Nigéria, et plus au sud celle du Cap de Bonne-Espérance. Toutes ces colonies n'eurent pas un développement uniforme, mais, d'une façon générale, on peut dire qu'elles prospérèrent régulièrement. Pour beaucoup de gens, le nom de « côte occidentale » évoque un triste tableau de sable brûlant et de fleuves infectés de crocodiles, avec un mélange de poudre d'or, d'ivoire, de cannibales et de fétiches ! Tous ces traits font, en effet, partie de la réalité, mais la colonisation britannique a beaucoup ajouté au tableau. Il est vrai que la colonie de la Gambie dut son premier développement à la traite des noirs, et que ses fleuves servirent à amener de nombreux esclaves du Haut-Niger. Lors de l'abolition de ce trafic, la colonie périclita pour un temps, mais, dès 1843, le commerce légitime a repris son essor

[1] Sur la côte occidentale.

L'ÉGLISE DE LUKONA (Zambèze).

LES CHUTES VICTORIA (Zambèze).

et, en dépit d'une population peu nombreuse, il s'élève actuellement à un total annuel de plusieurs millions.

Sierra-Leone, au contraire, dut son développement à l'abolition de l'esclavage ; en effet, des philanthropes anglais y fondèrent un établissement pour les esclaves libérés. Au début, la jeune colonie se fit connaître surtout par ses excès, mais les sociétés missionnaires s'y mirent courageusement à l'œuvre, et le gouvernement anglais assuma l'administration du pays. En dépit de toutes les difficultés que l'œuvre y rencontra, par suite de la multitude des dialectes, du redoutable climat et de la démoralisation générale, Sierra-Leone a atteint peu à peu un haut degré de prospérité : s'il y reste beaucoup à faire, dans tous les domaines, ses perspectives d'avenir sont pleines de promesses.

La Côte d'Or présentait les mêmes obstacles ; elle était, en outre, continuellement ravagée par des guerres avec les tribus de l'intérieur ; néanmoins, sa prospérité commerciale l'emporte de beaucoup aujourd'hui sur celles des autres colonies.

Jadis deux grands fléaux sévissaient en Nigéria : le premier et le pire était la traite des noirs, le second était le commerce de l'huile de palme, favorisé par la vogue désastreuse de l'eau-de-vie. A l'heure actuelle, la Nigéria est une grande et florissante colonie, placée sous l'administration directe de l'Angleterre. Comme partout ailleurs, le bon grain et l'ivraie s'y sont développés côte à côte, et ce pays ne connaîtra de réels et durables progrès que lorsque l'importation de l'eau-de-vie y aura été interdite.

2. Lorsque la colonie du Cap passa sous l'autorité britannique, sa population se composait d'environ 26,000 Européens, 30,000 Malais et esclaves indigènes et quelque 200,000 Cafres, Hottentots et Bushmen. L'un des premiers bienfaits de l'administration britannique fut d'enrayer le flot envahissant des Cafres, car les races bantoues se répandaient alors sur toute la partie méridionale du continent, chassant devant eux les Bushmen et les Hottentots. La première guerre des Cafres eut lieu en 1809, et, durant trois quarts de siècle, ce fut une lutte presque ininterrompue, tant à cause de l'agitation de ces tribus guerrières qu'à cause des constants progrès faits par les colons dans des régions que les indigènes considéraient comme leur propriété héréditaire.

En 1838, un décret libéra tous les esclaves de l'Afrique du Sud. L'Acte d'abolition proclamé une trentaine d'années auparavant ne concernait que le trafic d'outre-mer et n'avait affecté en rien l'esclavage dans les colonies britanniques ; ce nouvel acte législatif mécontenta vivement les colons hollandais, nullement satisfaits par l'indemnité que le gouvernement paya aux propriétaires d'esclaves. Ce fut la cause du fameux « Boer Trek », ainsi qu'on appelle l'émigration des fermiers hollandais qui quittèrent la colonie du Cap, traversèrent l'Orange et le Vaal occidental et fondèrent au-delà de ces deux fleuves leurs nouvelles républiques. La génération suivante s'occupa essentiellement d'agriculture et eut surtout à lutter avec les difficultés du sol, avec la sécheresse et les épizooties, sans parler de ses conflits avec les indigènes qui disputaient aux nouveaux venus leurs terres. Lorsqu'en 1870 on découvrit les diamants de Kimberley, un nouvel élan de colonisation se produisit. Des foules accoururent ; pour ces nouveaux venus, l'Afrique australe n'était plus une vaste ferme à cultiver, mais la cachette d'un trésor qu'il s'agissait de découvrir. Dès lors le commerce européen se développa rapidement, et les noirs commencèrent à sentir l'oppression d'une civilisation grandissante qui réclamait toujours plus de terrain et toujours plus de bras pour son service.

Lentement mais sûrement, cette civilisation nouvelle étendit ses ramifications de tous les côtés, couvrant le pays d'un réseau de villes, de chemins de fer, de mines et de factoreries. L'ancien ordre de choses disparaissait devant les formes multiples du progrès, tant domestique que civil, commercial et administratif : partout ce n'était qu'expansion !

3. Cette histoire s'est répétée ailleurs en Afrique. Grâce à l'initiative de sociétés missionnaires, le Nyassaland devint un protectorat anglais. En

1878, le sultan, impressionné par l'attitude de l'Angleterre lors de la suppression de l'esclavage, céda une grande partie de ses Etats, en face de Zanzibar, à une compagnie britannique; mais celle-ci ne tarda pas à s'apercevoir que l'administration de ce grand pays était trop onéreuse, et peu s'en fallut qu'il ne retombât dans son ancien état d'anarchie. C'est alors que la Société missionnaire de l'Eglise anglicane pénétra dans l'Afrique orientale et réussit à persuader le gouvernement anglais de se charger de ce fardeau.

c) Il est aisé, sur la carte du moins, de passer de l'Afrique orientale à une autre région dont le nom est bien connu. Lorsque Stanley posa les fondements de l'Etat indépendant du Congo, il était loin de penser que ce nom éveillerait un jour dans toute l'Europe l'idée des pires formes d'exaction et d'atrocité. Les débuts avaient été si beaux! Chacun sait comment le grand explorateur arriva au Congo, guidé par les plus belles espérances et par les desseins les plus philanthropiques, en qualité de représentant d'un comité international européen, présidé par le roi des Belges. Stanley venait ouvrir une ère nouvelle de prospérité et de progrès pour l'Etat indépendant du Congo, où l'Angleterre devait jouer le rôle principal en matière d'administration. Il s'efforça d'établir des relations entre les commerçants et les chefs indigènes, ainsi que d'ouvrir la voie aux missionnaires. En 1885, l'Etat indépendant du Congo fut reconnu par toutes les grandes puissances européennes, et Stanley se retira, estimant que son œuvre était en bonne voie de réalisation et comptant qu'elle serait poursuivie par l'Angleterre. Graduellement cependant le caractère international de l'Etat s'effaça : les fonctionnaires anglais, français, portugais et allemands furent remplacés par des Belges. Plusieurs violentes rébellions se produisirent sur le Haut-Congo, et les avant-postes belges furent détruits. En 1892, à la suite d'une vive campagne contre les indigènes révoltés et contre les Arabes, ces derniers furent expulsés du pays. Auparavant déjà, tous les produits indigènes, tels que l'ivoire et le caoutchouc étaient devenus des monopoles d'Etat ; cela paralysa les marchands indépendants, et bientôt tout le commerce se trouva entre les mains du gouvernement. De vastes étendues de pays, avec tous les droits sur les produits, les marchandises et même sur la vie des indigènes, furent alors concédées à des compagnies dont l'Etat possédait un grand nombre d'actions. Peu à peu, on commença à entendre parler d'atrocités commises par les concessionnaires dans la poursuite de leur commerce : mains coupées, villages entiers anéantis, actes de cannibalisme. Ces accusations furent confirmées par une commission d'enquête et par plusieurs témoins anglais indépendants. L'Europe, horrifiée par les récits de ces cruautés répétées, envisagea la nécessité d'une réforme. D'année en année, l'agitation grandit ; des détails toujours plus affreux parvenaient sans cesse touchant l'exploitation des infortunés Congolais, et cependant les protestations qu'ils provoquèrent ne contribuèrent guère à changer ce honteux état de choses. Il est impossible de citer ici les cas isolés d'atrocités commises, mais ils devinrent si nombreux que *l'Association pour la réforme du Congo* contraignit enfin l'Angleterre d'intervenir. L'avènement du siècle où nous sommes et la mort du roi Léopold — dont le nom restera tristement célèbre dans les annales de l'Afrique — ont ouvert de meilleures perspectives pour le Congo, mais la blessure ne se guérira que lentement et laissera après elle une cicatrice ineffaçable. Des lois plus humaines ont été édictées, dont l'effet sera heureusement ressenti par la colonie belge, mais il n'y aura de cure radicale que lorsque les compagnies concessionnaires auront été contraintes de changer absolument leurs néfastes méthodes commerciales.

d) Le premier contact de la France avec la côte occidentale est très ancien. On trouve des commerçants et des explorateurs établis dès le XVIIIe siècle dans les régions du Sénégal. Au cours des guerres de Napoléon, la plupart des possessions françaises furent perdues, regagnées et perdues de nouveau, mais après la conclusion de la paix, elles furent rendues à la France. Sous le second Empire, il y eut quelques tentatives d'expansion coloniale, mais ce ne fut qu'à partir du récent réveil de l'intérêt pour l'Afrique, que la France y conçut de réelles ambitions. De la Côte d'Ivoire, elle pénétra dans l'intérieur et accomplit une œuvre utile en soumettant le Dahomey, pays tristement réputé pour ses mœurs sanguinaires et qui avait jusqu'alors victorieusement défié les tentatives de l'Angleterre et du Portugal. Du Sénégal, les troupes françaises avancèrent jusqu'au Haut-Niger et, — après une vigoureuse campagne — conquirent Tombouctou, brisèrent la puissance des indigènes, puis descendirent le cours du Niger, ouvrant ainsi un pays riche et peuplé qui reliait les possessions septentrionales de la France avec celles du sud.

De grands progrès sont aussi réalisés actuellement dans l'administration du Congo français. Quant à l'île de Madagascar, elle tomba sous la domination française au XVIIe siècle ; à plus d'une reprise, dès lors, cette possession fut compromise, mais aujourd'hui l'autorité de la France y est de nouveau solidement établie. Malheureusement des mesures rétrogrades, tant en matière commerciale que religieuse, ont momentanément aliéné la sympathie de l'Europe pour l'œuvre de civilisation de la France à Madagascar.

e) Ce fut aux environs de 1880 que l'Allemagne entra, à son tour, en lice. Il se produisit en effet, à cette époque, une sorte de réveil en Allemagne ; un grand désir s'empara du pays de posséder outre-mer des colonies qui pussent servir, tant de débouché aux produits de son industrie sans cesse grandissante, que de nouvelle patrie à l'excédent de sa vigoureuse population. Le premier établissement allemand fut créé chez les Damaras et les Namaquas, dans l'Afrique sud-occidentale ; les indigènes étaient d'un tempérament indomptable, et la vie des Européens fut souvent en danger. L'Angleterre, qui occupait alors la Baie de la Baleine, sur la côte occidentale, fut sollicitée d'occuper et d'administrer tout le territoire voisin, mais l'Office colonial britannique ne se montra pas disposé à assumer ces nouvelles responsabilités. L'Allemagne fut alors invitée à s'en charger : elle fit immédiatement pénétrer ses troupes dans l'intérieur et annexa tout le territoire en cause ; elle s'empara en même temps du Caméroun et proclama son protectorat sur une grande étendue de la contrée voisine de Zanzibar.

Dans l'Afrique orientale, les pionniers de l'œuvre colonisatrice allemande furent les compagnies commerciales dont la principale s'appelait *l'Association allemande de l'Afrique orientale*. Leur direction laissa souvent à désirer, car les Allemands n'avaient pas encore appris l'art de traiter les peuples sauvages. Il en résulta des troubles assez graves fomentés par les Arabes et par les Souahélis, et, au bout de quelques mois, les Allemands ne conservaient plus dans l'intérieur que quelques avant-postes. Le gouvernement prit alors l'affaire en mains et envoya le Major von

Wissmann qui parvint à étouffer les rébellions ; il organisa ensuite l'administration de cette grande province. Aujourd'hui, le protectorat s'affermit dans l'Afrique orientale et d'importants marchés agricoles s'y développent.

Au Caméroun et dans l'Afrique allemande sud-occidentale, l'occupation n'a été qu'une perpétuelle histoire de révoltes et d'expéditions pour les réprimer.

f) Jusqu'au moment où l'Allemagne fit ses premières tentatives de colonisation, l'expansion européenne s'était développée en Afrique d'une façon assez lente et paisible. La brusque intervention de l'Allemagne stimula les autres puissances et provoqua entre elles une vraie course de vitesse qui aboutit à une série de conférences et de commissions pour l'établissement des frontières ; elles achèvent actuellement leur œuvre et délimitent exactement la sphère d'influence de chacune des puissances. Lesdites sphères englobent le quatre-vingt pour cent des habitants de l'Afrique, soit la totalité de la population païenne. Les prétentions des puissances furent réglées à la Conférence de Berlin, en 1884 et 1885, en tenant compte des facteurs suivants : la priorité d'occupation, l'exploration, l'effort missionnaire et la contiguïté du territoire. La part de la France fut d'environ huit millions de km², avec une population de 27 millions d'âmes : c'est la part la plus vaste, mais non pas la plus avantageuse. L'Angleterre reçut une portion de près de 6 millions de km² et la Belgique un peu moins de 2.300.000 km². situés entièrement dans le bassin du Congo et contenant une population estimée à 16 millions d'âmes. L'Allemagne acquit une vaste tranche de pays, dont une grande partie est inhabitable ; la superficie en est de plus de 2 millions de km². mais la population qui y vit n'est que d'environ 6 millions. Quant au Portugal, à l'Italie et à l'Espagne, ils ont entre les trois environ 4 millions de km², avec une population à peu près égale à celle des possessions allemandes.

IV.. L'avenir de l'Afrique dépend donc, en une très large mesure, de l'Europe et de la manière dont elle s'acquittera de l'administration qui lui est confiée. Qu'est-ce que cette administration a été durant ce dernier quart de siècle ? A-t-elle été un bien ou un mal pour ce continent, et a-t-elle favorisé ou bien empêché l'évangélisation de ses populations ?

a) En premier lieu, il convient d'examiner le rôle joué par les gouvernements. Il a souvent été bienfaisant pour les peuples malheureux de l'Afrique, en supprimant les guerres, en établissant des garanties civiles et sociales, en favorisant l'augmentation de la population et en élevant, d'une façon générale, le niveau moral. L'un des principaux facteurs de l'histoire de l'Afrique aujourd'hui est la paix qui, peu à peu, tend à régner sur le continent tout entier. Il est vrai que les tentatives faites pour exercer un contrôle sur les diverses tribus, et pour supprimer dans leur sein l'esclavage et les guerres meurtrières, ne l'ont pas été uniquement par le moyen de la douceur et de la persuasion ! Pour combattre ces maux, les gouvernements ont souvent été contraints de recourir à la force ou aux menaces, mais souvent aussi, surtout dans l'Afrique australe et au Nyassaland, la paix a été établie et les razzias des esclavagistes ont été supprimées pour toujours, sans l'intervention coûteuse d'aucun gouvernement. par la prédication persévérante et pacifique de l'Evangile. Lorsque l'action missionnaire n'a pas précédé celle des gouvernements, il y a toujours eu d'inévitables conflits avant l'établissement de la paix. Ces guerres ont été parfois causées par les incursions incessantes de peuples indomptés, ou par les efforts de chefs esclavagistes pour se soustraire aux mesures prises par les gouvernements afin de supprimer la traite ; elles ont résulté parfois de simples malentendus ou de manque de patience, parfois encore, malheureusement, d'atrocités commises par les agents de la police indigène ou par des aventuriers européens.

Chaque tableau a ses ombres, et il est certain que trop souvent l'expansion coloniale a été inspirée par des motifs purement intéressés. Il y a eu des maux indéniables, comme la complicité des autorités de l'Angola avec les trafiquants d'esclaves, et comme l'adoption par les Français du système belge, consistant à morceler le pays en faveur de compagnies concessionnaires qui l'exploitent ensuite sans scrupules. Cependant les avantages que peut procurer un gouvernement bienfaisant sont incalculables. De vastes territoires que l'anarchie des tribus indigènes ou le fléau de la traite vouaient à l'extermination, ont été rendus à la vie et au progrès par l'administration européenne. Il y a, dans les régions de l'intérieur, de grandes étendues de pays où l'action civilisatrice des blancs ne se fait pas encore sentir ; mais là où des Européens administrent un pays, ils y font presque toujours régner une sécurité et une prospérité inconnues jusqu'alors.

b) Quant au contrôle exercé sur le commerce par les gouvernements européens, nous constatons également que, sauf dans les régions du Congo, il a toujours contribué, dans une plus ou moins grande mesure, à y faire régner plus de justice. L'influence des puissances a été active et bienfaisante dans maintes directions. Comme l'écrivait le Rév. J. Jack, dans son livre *Daybreak in Livingstonia :* « ...L'entreprise missionnaire et commerciale est en train de créer une Afrique nouvelle... D'immenses progrès sont réalisés d'année en année, et si nous ne nous trompons pas, les générations futures verront des kilomètres et des kilomètres de routes et de chemins de fer. Il y aura de grandes colonies européennes sur les plus hauts plateaux, et de vastes cités manufacturières sur tous les fleuves. On verra partout des champs de blé et de coton. ainsi que des plantations de café. Les grandes et précieuses forêts deviendront une source de richesses inouïes. L'Afrique — espérons-le et demandons-le à Dieu — sera parée d'une civilisation chrétienne et occupera une place importante dans les conseils du monde. »

Qu'est-ce que le commerce a déjà accompli pour l'Afrique? Grâce à l'Europe. le négoce a été encouragé, les ports ont été améliorés, des routes et des chemins de fer ont été construits. des bateaux à vapeur ont été lancés sur les fleuves et sur les lacs, et les moyens de communication ont été si bien développés que le commerce pénètre rapidement jusque dans les recoins les plus perdus de l'intérieur. Buxton. Livingstone et tous ceux qui ont réfléchi au problème de la traite des noirs ont vu que cette pénétration du commerce. ainsi que le développement des moyens de communication, seraient plus efficaces que des flottes de croiseurs pour arrêter le trafic des esclaves.

c) Il nous reste à mentionner une terrible source de maux associée au commerce : c'est le trafic des liqueurs qui prit rapidement d'alarmantes proportions et dans lequel le christianisme fut malheureusement compromis. comme l'islam dans la traite des esclaves. Le navire qui amena les premiers missionnaires au Congo portait une cargaison d'eau-de-vie, et il débarqua en même temps les messagers de l'Evangile et le redoutable poison. En un temps où l'on achetait et vendait sans contrôle du gouvernement, l'alcool et les munitions étaient les principaux — pour ne pas dire les seuls — objets d'échange sur les fleuves de la côte orientale. En 1884, plus de 30 millions de litres de spiritueux furent exportés en Afrique de Hambourg et de Brême seulement. L'eau-de-vie était, pour ainsi dire, la seule monnaie qui eût cours au delta du Niger, en sorte que celui qui désirait acheter des provisions devait être muni non d'une bourse d'argent, mais d'une ou deux caisses de bouteilles. Une telle pratique paralysait l'effort missionnaire, compromettait gravemement tout commerce honnête, démoralisait les gens et décimait des tribus entières. A Bimbia, au Caméroun, dans les premiers temps de la mission baptiste, il y avait une population de dix mille âmes ; mais au bout de quelques années, il n'en restait plus que deux cents, par suite de la libre consommation de l'eau-de-vie.

Quelles mesures a-t-on prises pour arrêter cette plaie ? Les puissances ont convoqué diverses conférences, mais elles ne sont arrivées, jusqu'à aujourd'hui, à aucune entente pour l'abolition totale du trafic des liqueurs. Dans certaines régions de l'Afrique, il est interdit de vendre ou de donner de l'alcool aux indigènes ; c'est le cas, en particulier, dans les protectorats de l'Est africain, sur le Haut-Niger et dans les neuf dixièmes du bassin du

Congo ; mais dans l'Angola et dans la Nigéria méridionale, on importe beaucoup de liqueurs, et les Portugais sont en mesure de fournir tout le rhum nécessaire à l'Afrique occidentale, grâce à leurs nombreuses distilleries de l'Angola. En dépit des commissions nommées par le gouvernement britannique, et par d'autres aussi, on n'a guère réalisé de réformes jusqu'à présent, parce que les intérêts financiers en cause sont considérables, et parce que les gouvernements perçoivent des droits importants sur l'alcool. L'horizon semble pourtant s'éclaircir ; l'Allemagne et la France commencent à se rencontrer avec l'Angleterre dans leur désir d'une action commune contre ce fléau.

C'est la prohibition totale qui serait le remède le plus efficace, et non pas l'élévation des droits ; ce dernier moyen, en effet, ne fait pas diminuer la vente. Dans certaines régions, comme la Nigéria méridionale, elle est au contraire en croissance, en dépit de droits élevés. La question du commerce des liqueurs est l'une des plus importantes de celles qui se posent actuellement aux gouvernements soucieux du bien-être de l'Afrique. La victoire sera difficile à remporter, et il est du devoir de tous les chrétiens, citoyens des diverses puissances qui ont assumé des responsabilités en Afrique, de veiller à ce que de sordides considérations d'intérêt financier n'aillent pas l'emporter sur celles de la justice et du devoir.

d) Une autre question très importante est celle

du contrôle que doivent exercer les gouvernements sur le travail des indigènes, là surtout où la population blanche s'accroît, et où l'industrie requiert une main d'œuvre considérable. Dans la plupart des protectorats, le recrutement des ouvriers — surtout s'il se fait pour un centre éloigné — n'est pas autorisé sans une patente spéciale ; il est stipulé que les agents recruteurs doivent faire connaître aux indigènes la nature du travail qui leur est demandé, le salaire qui leur sera payé, la durée de la journée de travail, les soins assurés en cas de maladie et l'indemnité qui leur sera due pour leur retour chez eux. Des commissaires spéciaux sont également nommés pour surveiller les relations entre ouvriers et patrons. Il faut que les gouvernements édictent des lois très strictes dans ce domaine, s'ils veulent empêcher l'exploitation des indigènes par des particuliers sans scrupules, car malheureusement une race supérieure tend toujours à abuser d'une race inférieure. On pourrait citer des cas, dans chaque colonie, où, avant la promulgation et la mise en vigueur des lois sur le travail, la tromperie et parfois la violence furent employées pour procurer de la main-d'œuvre aux Européens, et où les ouvriers furent traités avec tant de négligence que la maladie et la faim en firent périr un grand nombre.

Il est évident que la réglementation du travail indigène peut devenir une source considérable de revenus pour le gouvernement, dans des pays dont la principale richesse est la population ellemême. Le gouvernement français fait payer une forte finance pour chaque homme qui quitte la contrée ; quant à l'Etat indigène de Libéria, il dépouille positivement les ouvriers, tant à leur départ qu'à leur retour !

A la Côte d'Ivoire, on prélève un impôt de vingt-cinq francs par tête, et au Congo français le coût d'un passe-port pour ouvrier indigène est de cent francs. Dans ce dernier Etat — contrairement à ce qui se passe dans les autres colonies françaises — les noirs n'ont pas le droit de cultiver leurs propres produits forestiers ; d'autres gouvernements ont également recours à cette mesure restrictive. Lorsque les habitants du Nyassa étaient autorisés à exploiter librement le caoutchouc dans les forêts, les commerçants en exportaient de grandes quantités, mais les méthodes indigènes entraînaient une telle destruction des forêts qu'au bout de peu d'années il n'y aurait plus eu de caoutchouc dans le pays ; il fallut alors édicter des lois très sévères pour réglementer la récolte. Au Congo français, les concessionnaires qui contrôlent la production du caoutchouc ont été malheureusement autorisés à user de contrainte pour obtenir la main-d'œuvre indigène. Dans l'Etat indépendant du Congo, l'administration est intéressée d'une façon beaucoup trop directe à la question du travail des noirs, c'est pourquoi les ordonnances en vigueur y sont toutes au détriment des habitants du pays. La durée du contrat est de sept ans et toute rupture, de la part de l'indigène, est punie d'une forte amende et de six mois de prison. Un des pires systèmes de travail forcé est celui qui, naguère, était appliqué dans l'Angola et qui équivalait à une vraie forme d'esclavage ; le nouveau gouvernement portugais s'est ému des conditions scandaleuses dans lesquelles se faisait le recrutement des ouvriers pour Saint-Thomas et Principé. et la République portugaise paraît bien décidée à faire observer rigoureusement les nouvelles ordonnances édictées à ce sujet.

Aussi longtemps que des contrées sont gouvernées par une administration paternelle, les fonctionnaires devraient être absolument à l'abri de tout soupçon dans la question du recrutement des ouvriers, afin que les indigènes sentent qu'ils peuvent toujours en appeler au magistrat pour toute injustice qui serait commise à leur égard par leur employeur. L'expérience a prouvé, en particulier sur des stations missionnaires, que les besoins des indigènes qui reçoivent une éducation appropriée vont toujours en augmentant ; cela entraîne tout naturellement, chez eux, un plus grand désir de trouver du travail afin de pouvoir acquérir, avec leurs gages, ce qui leur est devenu nécessaire. Il n'est point de missionnaire, ni d'ami des indigènes qui voudrait encourager la paresse, car sans industrie et sans commerce il ne peut y avoir aucun progrès permanent dans l'état moral d'un peuple ; mais il faut que le travail soit volontaire et non pas imposé par la force.

e) Un dernier résultat de l'occupation européenne, dont nous voudrions dire un mot, est la suppression des coutumes barbares. Dans tous les protectorats, les cours de justice reconnaissent la loi indigène, pour autant qu'elle n'est pas en contradiction avec la loi civilisée et humaine ; mais quant aux atrocités résultant des superstitions ou des coutumes du pays, elles sont aujourd'hui supprimées, quelle qu'ait pu être jadis leur utilité pour maintenir l'état social en des temps de barbarie. Le poison et les autres ordalies sont considérés comme des crimes. L'infanticide, le cannibalisme, les sacrifices humains et maintes autres pratiques mauvaises disparaissent partout où s'exerce l'action ferme et sage d'un gouvernement européen. Les accusations de sorcellerie, qui terrorisaient la société païenne, se font de plus en plus rares, et beaucoup de pratiques cruelles, qui rendaient la vie amère à un grand nombre de malheureux, disparaissent chaque année.

V. L'Afrique doit tout cela à l'Europe, et l'histoire des relations de ces deux continents est un mélange d'échecs et de succès, de grossière exploitation et de dévouement sublime : c'est l'histoire d'un champ de bataille où des forces opposées ont été perpétuellement en lutte. En regardant en arrière, demandons-nous quelles leçons on peut tirer de cet ensemble de résultats si divers. Dans le passé, l'Europe a fait beaucoup de mal, mais elle a accompli plus de bien encore, et aujourd'hui un double devoir se présente à elle : réparer les maux du passé et préparer de nouveaux progrès pour l'avenir. Par son caractère, ses capacités et son expérience, l'Européen peut amener l'Africain à un haut degré de développement et de maturité ; cette croissance a déjà atteint un premier stage important : l'accomplissement de cette œuvre sacrée, à l'égard de son frère noir, dépend aujourd'hui de la persévérance et de la loyauté du blanc.

UN MÉDECIN INDIGÈNE

CHAPITRE IV

L'AFRIQUE PAÏENNE

Sommaire.

I. — Les peuples de l'Afrique.
- *a*) Les Bushmen.
- *b*) Les Hottentots.
- *c*) Les Nègres.
- *d*) Les Bantous.

II. — Guerres entre tribus aux XVIIIme et XIXme siècles.
- *a*) En Afrique occidentale.
- *b*) En Afrique orientale.

III. — Croyances et coutumes païennes.
- *a*) Notion de Dieu.
- *b*) Culte des esprits.
- *c*) Survivance de l'âme.
- *d*) Culte des fétiches.
- *e*) Sacrifices.
- *f*) Devins.
- *g*) Sociétés secrètes.
- *h*) Infanticide.
- *i*) Cannibalisme.
- *j*) Polygamie.
- *k*) Ivrognerie.
- *l*) Mépris de la vie d'autrui.

IV. — Le cri des païens.

CHAPITRE IV

L'AFRIQUE PAÏENNE

I. — Jusqu'à présent nous n'avons guère considéré l'Afrique qu'au point de vue de ses relations avec la civilisation européenne, et elle s'est présentée à nous comme formant un tout presque homogène : il nous faut maintenant apprendre à connaître le continent tel qu'il est. A première vue, il est vrai, nous ne distinguons guère qu'une masse confuse d'humanité noire ! Peu à peu cependant, nous apprenons à y distinguer six groupes bien caractérisés. Deux sont en dehors du plan de ce manuel, ce sont les Sémites et les Chamites dont les diverses ramifications appartiennent presque exclusivement à l'islamisme. Restent les quatre groupes suivants : les Bushmen, les Hottentots, les Nègres et les Bantous.

a) Les Bushmen, ou Pygmées, sont les habitants primitifs de l'Afrique ; on les identifie parfois avec les sauvages préhistoriques de l'Europe. On peut voir au musée de Bruxelles des instruments de pierre et des dessins provenant des nains des cavernes d'Europe, et qui sont tout à fait identiques à ceux des Bushmen. Ces derniers sont issus, semble-t-il, d'une grande migration, venue d'Asie, qui se divisa en deux courants, dont l'un traversa l'Europe où il fut anéanti par des races plus vigoureuses, et dont l'autre passa en Afrique. On retrouve encore à travers tout le continent africain des traces de leur présence, et bien qu'ils disparaissent rapidement, leurs descendants se retrouvent dans l'Afrique australe, dans les régions boisées du Gabon, dans le Masaïland et dans le Congo équatorial. Tous les membres de cette petite race présentent certaines particularités physiques absolument étrangères au caractère nègre. Leur peau est légèrement brunâtre, et la moyenne de leur taille est d'environ 1 m. 40. Leurs mœurs ne sont ni pastorales ni agricoles ; ce sont simplement des chasseurs qui voyagent perpétuellement, vivant dans des cavernes ou dans de petites huttes de branchage et se nourissant de gibier ou — à défaut de viande — de racines et d'insectes. Le langage des Bushmen est des plus primitifs ; il consiste essentiellement en «clicks»[1] et en diphtongues. Ils n'ont pas d'adjectif numéral au-delà de deux, et ils expriment le pluriel en répétant le singulier : pour dire «des chiens» ils disent « chien, chien». Pourtant, seuls d'entre toutes les races de

[1] Sorte de claquements de la langue. (N. du trad.)

l'Afrique, ils ont de hautes qualités artistiques, et l'on peut déchiffrer, encore aujourd'hui, une grande partie de leur histoire grâce aux dessins et sculptures que l'on retrouve en plusieurs lieux de l'Afrique du Sud.

b) Longtemps après les Bushmen vinrent les Hottentots, qui semblent être arrivés, eux aussi, du nord. Leur langage présente quelques analogies avec celui des Bushmen, mais ils avaient passé de l'état pastoral à l'état agricole, étaient de taille plus grande — grâce peut-être à un mélange avec le sang nègre — et ils avaient appris l'art de fondre le fer et le cuivre. Leurs plus anciennes traditions remontent à mille ans environ, alors qu'ils vivaient dans le voisinage des grands lacs. Les Hottentots s'appelaient eux-mêmes *Khoi-Khoi*, — les hommes des hommes, — car ils se vantaient de leur supériorité sur les Bushmen. Comme ils se multipliaient, de petites communautés se formèrent — de quelques centaines à un millier d'âmes chacune — qui partirent à la recherche de nouveaux territoires.

La religion des Hottentots était animiste comme celle de toutes les tribus païennes. Ils vivaient dans la crainte continuelle des mauvais esprits, et priaient la lune pour lui demander des bénédictions. Après leur contact avec les Bantous, ils devinrent aussi adorateurs des esprits ancestraux. Ils croyaient en deux dieux, l'un bienfaisant qui vivait dans le ciel rouge, et l'autre malfaisant qui vivait dans le ciel sombre. Leurs prières s'adressaient au dieu noir parce qu'il leur faisait du mal. Ils avaient un mythe traitant d'un conflit entre le dieu rouge et le dieu noir, et qui provenait peut-être de la lutte entre l'obscurité et l'aurore. Il y a une curieuse ressemblance entre cette croyance des Hottentots à deux dieux et celle des Masaï.

Au point de vue social les Hottentots étaient très dégradés, et l'on a pu dire d'eux « qu'il n'y eut jamais un peuple plus imprévoyant, plus instable et plus stupide ». Presque toutes leurs tribus furent assujetties par les premiers colons européens, et ils se mêlèrent tellement aux nègres et aux autres races qu'on les appela les « bâtards ». Quelques-unes de ces tribus métisses acquirent une puissance considérable et occupent une large portion de l'Afrique australe. La plupart de leurs noms se terminent en *qua*, ce qui signifie « le peuple de... », par exemple Namaqua, c'est-à-dire le peuple de Nama.

c) Les Nègres proprement dits, ou Nigritiens, sont les peuples qui vivent surtout dans le nord de l'Afrique centrale, à partir du quinzième parallèle nord jusqu'au cinquième, en allant vers le sud. Ils se subdivisent en divers sous-groupes, tels que les Soudanais, les Nilotiques et les Ethiopiens. C'est à ces groupes qu'appartiennent quelques-unes des plus grandes et des plus intéressantes tribus africaines, comme les Mandingos, dont la langue était la *lingua franca* du Soudan occidental lorsque Mungo Park explora le Niger. Au nombre des autres tribus qui appartiennent à ce groupe, il faut encore citer les Hausa, dont la langue est parlée par environ quinze millions de noirs.

d) Les Bantous forment le groupe le plus important, et comptent en Afrique cinquante millions de représentants. Leurs tribus s'étendent de la latitude du Caméroun méridional jusqu'au Cap de Bonne-Espérance. Il y a une relation beaucoup plus étroite entre leurs divers langages que ce n'est le cas pour ceux du groupe nègre, et si la différence physique entre les Bantous et les Nègres est peu sensible, la différence linguistique est considérable ; c'est ainsi que la langue des Bantous qui vivent près de la frontière du Caméroun, et celle des Nègres du Niger — leurs proches voisins — n'ont pas plus de rapport que l'anglais et le chinois ! Le mot *Bantou* signifie « peuple » et les trois cents langages et dialectes que parlent les représentants de ce peuple, offrent tous une frappante uniformité de construction. L'origine de la race bantoue est incertaine, mais la tradition tend à la placer au nord. Ils pénétrèrent probablement sur le continent longtemps après l'établissement des Bushmen dans les régions centrales et méridionales, et au fur et à mesure que leurs hordes s'avançaient vers le sud, elles se mélangeaient avec les tribus qu'elles détruisaient ou qu'elles subjugaient. La race n'est par conséquent plus tout à fait pure ni distincte ; du sang nègre, chamite et sémitique coule évidemment dans ses veines. Vers le IXme siècle, l'avant-garde bantoue arriva au Zambèze, et ce n'est qu'après l'occupation de la côte par les Portugais, que les tribus actuellement prédominantes au sud de l'Afrique s'établirent dans ces régions. Les unes s'avancèrent par l'ouest, elles sont reconnaissables au préfixe *ova* — Ovambos, Ovahereros, — les autres vinrent par l'est (préf. *ama* ou *aba*) Amazulu, Mashona, Bassoutos.

II. — Tandis que l'Europe exploitait les côtes du continent africain, tout l'intérieur était en proie à de constantes révolutions : des troupes de sauvages se précipitaient de côté et d'autre, comme autant de vagues irrésistibles, et des tribus entières étaient ainsi submergées et anéanties pour toujours. Des royaumes surgissaient soudain, grâce au génie organisateur de quelque puissant guerrier. Son royaume durait rarement plus longtemps que la deuxième génération, et bientôt ses successeur abrutis tombaient à leur tour sous les coups de quelque nouveau Napoléon. Les personnes qui parlent de l'heureux état d'innocence des sauvages devraient lire l'histoire intérieure de l'Afrique, surtout aux XVIIIme et XIXme siècles ; elles verraient comment le sang coulait alors partout, et quelles ténèbres de cruauté et de terreur couvraient ce malheureux continent !

a) Dans les ports de la côte occidentale, les Portugais furent parfois inquiétés par les avant-gardes des tribus qui franchissaient les barrières de l'intérieur, et portaient la désolation jusqu'au littoral. Ce n'étaient que des vagues isolées, venant mourir sur la grève, mais elles parlaient de la violence de l'ouragan qui dévastait l'intérieur.

Au XVIIme siècle les Yaggas firent leur apparition à la côte occidentale. C'étaient probablement les Fans [1], ou Pahouins, tribu féroce, venue du nord-est, qui se répandit le long du bassin du Congo, au sud de la province de Loanda, et au nord des régions qui forment aujourd'hui le Congo français. Dans leur impétueux passage, les Yaggas balayèrent des tribus entières et anéantirent d'anciens royaumes, notamment la vieille dynastie du Congo. Jusqu'à ces dernières années, l'histoire d'un grand nombre de tribus de la côte occidentale est des plus sanguinaires. Le Dahomey, par exemple, avec ses fameuses Amazones célèbres par leur courage et par leur cruauté, dévastait les territoires voisins, moins pour étendre son empire que pour se procurer des esclaves et des victimes pour les sacrifices humains. Des crânes s'entassaient par milliers dans la capitale.

[1] Les Fans et les Mpongwe sont deux tribus distinctes: les premiers sont cannibales. Les quatre évangiles ont été traduits dans leur langue; ils sont évangélisés par la Mission de Paris. Les Mpongwe ne sont pas cannibales; ils sont originaires du Gabon et sont évangélisés par les Presbytériens américains. Ils ont la Bible dans son entier. (Notes supplémentaires de l'auteur.)

b) Dans les provinces orientales, les Masaï occupaient une position très forte. Ils étaient jadis divisés en deux sections, l'une agricole et l'autre pastorale : un conflit s'éleva entre eux et les agriculteurs furent anéantis. Les bergers s'organisèrent alors en tribu militaire dont tous les jeunes gens, entre dix-sept et vingt ans, devaient servir dans des régiments, et s'abstenir des boissons fortes et du mariage. Ces vaillants guerriers envahirent l'Afrique orientale, portant partout avec eux la mort et la désolation. Au milieu du XIXme siècle, ils avaient acquis une grande importance ; ils résistèrent victorieusement aux Arabes esclavagistes et, après s'être rendus maîtres de quelques-unes des principales routes, ils exigèrent un tribut de tous les voyageurs qu'ils laissèrent passer. L'histoire mentionne aussi une horde cannibale et dévastatrice, les Mazimba, qui arrivèrent au Zambèze vers la fin du XVIme siècle. Là ils se partagèrent en deux branches, dont l'une se dirigea vers le nord-est, et dont l'autre passa le Zambèze et se dirigea vers le sud. La branche septentrionale traversa une immense région, tout en commettant de terribles ravages, et finit par atteindre les bords de l'Océan indien. Là elle assiégea les Portugais à Mozambique, anéantit Kilwa au nord et faillit détruire Mombasa ; mais les Portugais, s'étant enfin ralliés, arrêtèrent les envahisseurs à Malindi et leur firent subir une désastreuse défaite. Quant aux Mazimba qui avaient franchi le Zambèze, ils continuèrent leur marche vers le sud, répandant l'horreur et le carnage autour d'eux, jusqu'au moment où ils furent vaincus à leur tour par une autre horde sauvage, celle des Abambos. De nouvelles tribus leur succédèrent, dont la plus connue est celle des Zoulous qui, au commencement du XIXme siècle, fut organisée et dirigée par le grand chef Chaka. Celui-ci forma de redoutables armées qui parcoururent et dévastèrent tout le sud de l'Afrique : le nombre des victimes de ce terrible despote s'éleva à plus d'un million.

Sous l'action de violentes dissensions intestines, ces tribus se séparèrent de nouveau en trois branches principales : les Matébélés, les Angonis et les Mantitis ; ces derniers étaient les plus sauvages entre toutes ces races sauvages. Ils apparurent soudain, à la suite des guerres de Chaka, puis ils furent balayés à leur tour, non sans avoir préalablement répandu des flots de sang. Le missionnaire Moffat, ayant entendu parler d'eux, rassembla les forces des Griquas et des Béchuanas pour leur résister, et une grande bataille fut livrée dans laquelle beaucoup de Mantitis périrent par les armes à feu des Griquas. Les envahisseurs luttèrent avec un courage désespéré, mais à la fin ils furent vaincus et repoussés. Au nombre de quarante à cinquante mille, ils se répandirent alors au milieu d'autres tribus, pillant partout sur leur passage ; les grands troupeaux de bétail dont ils s'emparaient ne suffisaient pas à nourrir leur immense armée, et ils avançaient toujours, semblables à des squelettes vivants, jonchant le sol de leurs cadavres. Sur des centaines de kilomètres, des ossements humains marquaient la route qu'ils avaient suivie... puis, bientôt, ils disparurent complètement.

Ce sont là quelques-uns des événements qui se passèrent dans l'intérieur de l'Afrique, non pas — il faut s'en souvenir — dans les siècles qui précédèrent la découverte du continent, mais à partir de ce moment, et encore dans notre génération. Lorsque Livingstone traversait le théâtre de ces scènes de dévastation, il s'écriait : « Du sang, du sang, partout du sang ! » Ses chers Makololos étaient eux aussi une de ces tribus issues des guerres de Chaka, florissantes pendant un temps, puis bientôt dispersées ou anéanties. Lorsque le missionnaire prêchait aux Batokoas du Zambèze le message des anges : « Paix sur la terre et bonne volonté envers les hommes, » ils s'écrièrent : « Nous sommes fatigués de fuir ; accorde-nous du répit et du sommeil. »

III. — Pour bien comprendre la vie d'une tribu aujourd'hui, il nous faut rechercher les croyances et les coutumes qui l'expliquent : ce sera faire connaissance directe avec ce qu'on appelle communément le paganisme africain. Il est difficile d'en faire un tableau complet, car, à côté de la superstition et de la cruauté qui le caractérisent habituellement, il contient une quantité de rayons épars d'une vérité plus haute, sans parler de coutumes sociales et de traits individuels vraiment dignes d'admiration.

Il est de toute évidence, néanmoins, que le paganisme est foncièrement incapable de satisfaire l'âme humaine. Le Dr Stewart de Lovedale, avec la prudence et la mesure qui caractérisaient toutes ses paroles, s'est exprimé comme suit sur le compte du paganisme: «...Il est une puissance accablante pour celui qui vit sous son joug. Il ajoute, à tous les maux de la vie, les terreurs d'un monde invisible dont les agents sont sans cesse à l'œuvre dans les affaires humaines. Il faut voir, pour les comprendre, la pauvreté, la dureté, l'étroitesse et la tristesse de l'existence humaine au sein du paganisme. »

La religion de l'Afrique païenne est animiste ; l'objet de son culte consiste en âmes ou en esprits. Le païen adore et redoute sa propre âme, ou ses propres âmes (car certaines tribus croient que chaque individu en a plusieurs), ainsi que celles de ses ancêtres. Il croit que les hommes, les animaux, les plantes, en un mot toutes les forces de la nature, tant animées qu'inanimées, possèdent des esprits qu'il faut adorer et se rendre favorables. Ce culte comprend aussi parfois la croyance en un Esprit, ou Etre suprême.

a) Le païen, en effet, a une obscure et vague

notion d'un Dieu suprême et lointain qui a créé le monde. Presque chaque tribu nomme ce grand Dieu, mais aucune ne le connaît. C'est tout au plus, pour eux, un Dieu absent qui a fait le monde autrefois, mais qui maintenant ne s'en occupe plus; on ne lui adresse jamais de prières.

Beaucoup de tribus croient en une ou plusieurs divinités inférieures, qui sont chargées de contrôler l'un ou l'autre des grands éléments naturels, et qui demeurent le plus souvent en quelque lieu redoutable. Il y a des dieux de la pluie, du tonnerre, de la mer, dont les demeures peuvent être sur une montagne couverte de nuages, dans un torrent impétueux ou dans une mer en tempête. Dans l'Afrique occidentale chaque lieu dangereux est la résidence d'une divinité : les rochers et les tourbillons d'un fleuve, les marécages, etc. Ces dieux sont en relations très étroites avec les hommes, et le prêtre ou le chef du clan leur offre des sacrifices ou des prières. C'est ordinairement à l'occasion de quelque grand besoin ou de quelque calamité grave que les sacrifices sont offerts; la peur en est le mobile habituel, parfois aussi c'est la reconnaissance pour une délivrance, mais ce n'est jamais la soif de communion avec ce qui est bon et saint.

b) Chez toutes les tribus bantoues, et chez plusieurs tribus nègres, les esprits des morts sont des objets de culte. Lorsqu'un homme meurt, son âme lui survit et déploie une activité spéciale dans les affaires de ses parents. Elle réside dans les petits temples qu'on lui élève, ou bien dans la hutte des membres de sa famille, ou bien encore elle vit sous la forme d'un serpent ou d'un iguane. Dans plusieurs parties de l'Afrique, ce serait un crime mortel que de tuer des reptiles qui sont ainsi devenus la demeure d'une âme. On présente sur la tombe des offrandes consistant en nourriture ou en boisson, afin que dans sa nouvelle existence l'âme puisse manger et boire ce qu'elle aimait durant sa vie corporelle. Dans certaines parties du Congo, lorsqu'un corps est enseveli, on place dans sa bouche un long bâton que l'on retire lorsque la fosse est comblée, afin de laisser une sorte de canal par lequel on puisse verser de la bière et de la nourriture. Les païens ne croient pas que l'âme mange les offrandes proprement dites, mais seulement leur essence. Au sein de quelques tribus, le culte des esprits des ancêtres est l'élément principal de leur religion. Il n'y a pas de classe de prêtres chargés de rendre un culte à ces esprits, mais chaque famille a sa propre catégorie d'esprits qui s'accroît chaque fois que l'un de ses membres meurt ; chacun de ces esprits a son prêtre responsable. L'activité constante de ces âmes est la source de toutes les souffrances et de toutes les calamités qui surviennent ; c'est leur mauvaise volonté qui cause la maladie, la sécheresse, la mort et tous les autres désastres. En revanche, lorsque la prospérité règne, c'est la preuve que les esprits ont été apaisés et qu'ils regardent d'un œil favorable ceux qui dépendent d'eux.

c) Cette croyance en la survivance de l'âme (il ne faut pas dire en l'*immortalité*, car l'âme s'efface du souvenir de la famille) a conduit à quelques-unes des pires horreurs de la vie sociale des Africains. En effet, les esprits sont censés mener dans quelque sombre région boisée, ou sous la mer, une existence assez semblable à celle des hommes sur la terre. Or il leur faut des compagnons pour pénétrer dans ce monde inconnu, des esclaves pour y soutenir leur dignité de chef et des femmes pour cuire leur nourriture ! C'est pourquoi, bien souvent, la mort d'un chef a entraîné le massacre d'une multitude de ses sujets. Lorsqu'un roi de Bakuja mourait, on tuait trois cents esclaves et on enterrait leurs cadavres avec lui, et l'on raconte qu'à la mort de la mère de Chaka, les massacres accomplis en son honneur furent tels que l'eau des rivières fut changée en sang. Quant aux veuves, lorsqu'elles étaient ensevelies avec leurs maris, ce n'était pas par un acte d'immolation volontaire, mais bien par force et avec cruauté ; leur sort est du reste toujours misérable, même lorsqu'elles ne sont pas victimes de cette horrible pratique : elles doivent rester assises pendant plusieurs jours dans la hutte, en compagnie du cadavre qui se décompose, puis elles sont ensuite tenues à l'écart, pendant des mois ou même pendant toute une année, avec défense de se laver.

d) Le fétichisme joue aussi un grand rôle dans les religions animistes. Sur la côte occidentale, tant parmi les peuples bantous que chez les Nègres, il est très répandu aujourd'hui. L'expression *fétiche* n'est pas d'origine indigène ; c'est un mot portugais *feitico* qui s'employait pour désigner de petites reliques ou des images de saints ; les marins portugais l'appliquèrent aux charmes indigènes qui présentaient quelque analogie avec ces objets ; il en est de même du terme *juju*[1] qui vient du français « joujou » ! Mais ces charmes, qui jouent un tel rôle dans les religions de l'Afrique occidentale, ne doivent pas leur pouvoir à leur ressemblance avec de jolies poupées. En réalité les plus grands jujus sont extrêmement laids ; ce sont d'étranges amoncellements de racines diverses, de vêtements et de poteries cassées, et on ne les vénère pas pour ce qu'ils sont, mais à cause de l'esprit qui a établi en eux sa demeure. C'est là, en effet, l'essence de tout le culte animiste. Les vieux arbres, les cascades et les tourbillons, les montagnes et les récifs ne sont que les temples d'un esprit plus ou moins puissant ; de là le culte qu'on leur rend. Chaque homme a son fétiche, de la puissance duquel dépendent son autorité, son influence et sa richesse. Certains grands

[1] Prononcer you you.

fétiches ou jujus peuvent acquérir une influence énorme : les esprits qui les habitent sont alors censés contrôler la vie, non seulement de tel ou tel individu, mais celle de communautés entières. Lorsque la guerre ou la peste éclate, on offre aussitôt des sacrifices au fétiche. Il existe des charmes pour chaque désir, chaque besoin ou chaque danger de la vie : pour l'amour et la haine, la chasse et la pêche, pour la navigation et pour la marche, pour vendre et pour acheter, contre les voleurs, les assassins, les bêtes sauvages, contre la maladie, la mort, etc. Ces charmes tirent leur soi-disant pouvoir du fait qu'ils ont été prescrits par un devin ou qu'ils sont animés par de l'essence d'âme ; les cheveux et les ongles passent même pour en renfermer.

e) La notion de sacrifice est commune à tous les adorateurs d'esprits, soit qu'ils vénèrent celui de quelque ancêtre n'ayant pas de fétiche où demeurer, soit qu'ils adorent des esprits habitant dans des charmes. C'est du sang que l'on offre, et l'on peut tuer pour cela une poule ou un bœuf. Au sud de l'Afrique, le sang est soigneusement recueilli dans une calebasse, et la viande est partagée entre les habitants du village ; dans l'ouest on asperge de sang la porte de la hutte du fétiche ou bien l'entrée du village. Bien que l'on offre de la nourriture, l'esprit n'en mange que l'essence, ce sont les hommes qui mangent la viande. C'est le sang qui constitue le sacrifice, car « le sang c'est la vie ».

Plus le juju est grand, plus aussi le sacrifice offert doit être considérable, de là la nécessité d'offrir des sacrifices humains ; les bœufs valent mieux que les chèvres, et les êtres humains mieux que les bœufs. Chez les Achantis et au Bénin, de même que dans les régions supérieures du Niger, on faisait jadis de terribles sacrifices humains, et c'est encore la pratique aujourd'hui, là où les gouvernements européens ne sont pas intervenus. Après la guerre, des centaines et même des milliers de victimes étaient parfois offertes au grand juju ; c'étaient ses prisonniers, car il avait combattu avec l'armée victorieuse et il demandait leur sang. De même, lorsque la maladie sévissait dans un village, c'était la preuve que l'esprit irrité demandait des victimes, et le fléau ne pouvait être arrêté que par du sang humain.

f) Comme l'indigène se croit environné de redoutables puissances occultes, causes de tous ses malheurs et de toutes ses maladies, il n'est pas étonnant que le devin — qui connaît tous les secrets du monde invisible — jouisse d'une influence considérable. Il y a des tribus, au Congo par exemple, chez lesquelles le devin[1] est le personnage le plus important. Ses jugements sont absolus, et y désobéir serait aller au devant d'une

[1] C'est à tort que l'on confond souvent le *devin* et le *sorcier*. Le premier (sorte de médecin ou de magicien) est censé pouvoir découvrir les sorciers, auteurs — volontaires ou non — de toutes les maladies et calamités qui atteignent les païens. N'importe qui peut être ainsi accusé de sorcellerie. (N. du trad.)

mort certaine. Ces médecins ne sont pas tous des imposteurs, bien que souvent ils maintiennent leur pouvoir en abusant d'une façon grotesque de la crédulité des gens. Leur profession peut se transmettre de père en fils, au sein de familles qui en gardent jalousement les secrets ; parfois aussi de vieux devins initient leurs apprentis au moyen d'un cours d'instruction prolongé et fort ardu. Ce sont ordinairement des hommes — ou des femmes — dont le système nerveux est très excitable, avec peut-être un grain de folie et toujours une abondante dose de ruse ; ils ne peuvent accomplir des guérisons ni exercer leur influence sans se mettre eux-mêmes dans un état hystérique qui parfois s'empare aussi des spectateurs. Leur aspect sauvage, leur corps peint et couvert d'ornements faits de griffes, d'os et de peaux d'animaux sauvages, provoque la crainte et le respect de leur auditoire. Les fonctions des devins sont multiples : ils interprètent les pensées des esprits et peuvent révéler pourquoi ils sont offensés et causent des ravages ; comme exorcistes ils pourront dire quelle sorte de démon s'est emparé d'un malade et ils le chasseront. Souvent aussi ils possèdent une réelle habileté à administrer des traitements ou des médecines indigènes, mais malheur aux pauvres patients quand le médecin tente de passer du domaine de la pharmacie à celui de la chirurgie ! Le docteur Nassau raconte le trait suivant : « Un homme avait reçu, par accident, un coup de feu dans la poitrine... Le docteur indigène que l'on appela fit une incision perpendiculaire dans la poitrine du blessé, et abaissa la dernière côte ; il fit alors une entaille en diagonale et souleva positivement l'enveloppe thoracique, après quoi il tâtonna au milieu des organes vitaux à la recherche de la balle qu'il parvint à extraire. Le patient mourut. On n'avait employé aucun anesthésique. »

Le devin est aussi censé posséder un pouvoir surnaturel pour la découverte des crimes. C'est là que gît le grand secret de sa redoutable puissance. Sa parole fait loi, et lorsqu'un crime a été commis il désigne le coupable ; le malheureux doit alors subir une épreuve judiciaire ou un châtiment barbare. En cas de maladie ou d'accident, les indigènes soupçonnent invariablement quelque sortilège. On mande le devin qui est payé pour découvrir l'auteur de la maladie ou du malheur ; il dénonce un coupable qui — innocent ou non — doit se soumettre à une épreuve prescrite par le docteur. Il devra absorber un poison, ou retirer des pierres d'une marmite d'eau bouillante, ou accomplir quelqu'autre diabolique besogne. Son innocence sera prouvée s'il vomit le poison ou échappe aux brûlures : sinon il sera immédiatement mis à mort. On ne saurait exagérer les maux causés par la croyance à la sorcellerie, car elle a déjà fait — et elle fait encore — plus de victimes que le commerce des esclaves. La seule chance de salut, pour celui qui est sous le coup d'une accusation de sorcellerie, est de s'enfuir chez un clan voisin et ennemi du sien, ou de chercher refuge dans l'un des rares sanctuaires qui existent chez les tribus de la côte occidentale.

g) Une autre source de terreur réside dans les sociétés secrètes qui abondent dans l'ouest. Plusieurs d'entre elles ont été fondées en l'honneur de tel ou tel grand juju dont elles pratiquent le culte : elles forment alors une sorte de police qui punit les crimes et fait régner l'ordre. D'autres sont des bandes de voleurs et de libertins qui terrorisent le voisinage grâce à leur discipline secrète et absolue, grâce aussi au contrôle qu'ils sont censés exercer sur les esprits.

L'initiation des jeunes garçons et des jeunes filles à la vie complète est une période de rude endurance pour les novices, ainsi que de dévergondage sans frein ; elle compromet ou détruit complètement le peu de chasteté et de pureté qui subsiste chez les jeunes gens, après une enfance passée dans un village indigène. De même les danses nocturnes au clair de lune ne sont que trop souvent des occasions d'odieuse débauche. Lorsque vous les avez contemplées une fois, par une belle nuit, alors que tous les habitants du village étaient rassemblés, excités par la bière ; quand vous avez vu les vieilles femmes conduire la danse et les petits enfants regarder ce spectacle en poussant des éclats de rire sauvage, il vous semble que l'air que vous respirez est empesté d'une odeur infernale, et vous vous demandez comment l'édifice social tout entier de ce peuple ne tombe pas en ruine, avec une pareille pourriture morale à sa base.

h) L'infanticide est chose commune en Afrique, là où il n'a pas été supprimé par l'influence du christianisme ou par l'administration européenne. Les petits enfants dont les incisives supérieures apparaissent avant les inférieures sont enterrés vivants ou jetés dans la brousse. Dans plusieurs tribus les enfants jumeaux sont mis à mort avec leur mère ; parfois cette dernière est épargnée, mais alors on la chasse du village, et elle doit vivre dans la brousse sans communications avec personne. Souvent, lorsqu'une pauvre femme meurt en couches, son corps est abandonné sans sépulture pour être dévoré par les hyènes ; partout un pareil malheur est considéré comme une preuve de la culpabilité de la femme dont le nom demeure entaché d'infamie !

i) On a retrouvé le cannibalisme dans maintes parties du continent, chez les tribus du Haut-Nil, dans l'Afrique occidentale, dans les forêts équatoriales, sur les bords du Congo et ailleurs encore. Chez les uns c'est une cérémonie religieuse : la chair des victimes humaines est alors mangée tout comme la viande d'un bœuf offert en sacrifice ; mais, chez la plupart des cannibales, c'est un féroce appétit dont la satisfaction nécessitait de constantes guerres entre tribus. Sur les marchés du

Congo on trouvait toujours, naguère, de la chair humaine à acheter ; chez les Fans[1] on est allé jusqu'à manger les morts au lieu de les ensevelir.

j) Il y a encore beaucoup d'autres maux qui ne sont pas, à proprement parler, des atrocités, et qui ne tombent par conséquent pas sous les lois des gouvernements, mais qui n'en sont pas moins comme une gangrène dans le corps social.

On considère parfois la polygamie comme excusable, en raison du rôle capital qu'elle joue pour les Africains ; mais là où elle existe, elle favorise la paresse et la sensualité, en même temps qu'elle rabaisse la femme et rend la vie de famille impossible.

k) L'ivrognerie règne partout, et si ce ne sont pas les Européens qui l'ont enseignée aux noirs, à coup sûr ils la favorisent et la rendent plus terrible en leur vendant de l'eau-de-vie. Les indigènes fabriquent une liqueur de leur invention avec les fruits du palmier ou du bananier, comme avec le maïs ou le millet, et lorsqu'ils peuvent se procurer de la bière, les habitants de villages entiers vivent en état d'ivresse pendant plusieurs jours ; c'est là, tout particulièrement, la prérogative royale d'un chef africain ! La boisson est la cause des neuf dixièmes des actes de violence qui viennent en jugement devant les cours indigènes.

l) Outre l'esclavage proprement dit, il y a aussi

[1] Voir la note de la page 107.

une forme de servitude domestique qui est très répandue en Afrique.

Les prisonniers de guerre, incorporés à la tribu, deviennent membres de la famille de leur maître qui leur procure des femmes et des jardins ; mais leurs enfants sont la propriété du maître.

Il est évident que ce système a de grands inconvénients : tout progrès individuel est gravement entravé, et une grande injustice est commise envers quiconque éprouverait quelque légitime ambition, ou le désir bien naturel de garder ses petits enfants auprès de lui. Parfois ce servage domestique est poussé jusqu'à ses extrêmes limites, et ne diffère plus guère du véritable esclavage ; cependant chez plusieurs tribus, si le propriétaire se rend coupable de mauvais traitements à l'égard de ses serfs, ceux-ci peuvent s'enfuir chez un autre maître.

Le trafic de vies humaines se pratique souvent en matière de mariage. Celui qui a beaucoup d'argent ou de bétail peut acheter des jeunes filles en payant à leurs pères des douaires ; ce ne sont là, bien souvent, que de vulgaires marchés, et la femme devient la propriété absolue de son mari. Chez certaines tribus, en revanche, le système du douaire constitue une garantie bienfaisante et nécessaire pour la femme, car — en cas de mauvais traitement — elle peut retourner dans la maison de son père, et le mari n'a pas le droit de réclamer ce qu'il avait payé.

IV. — Ce sont là quelques-unes des horreurs et des souffrances qu'engendre le paganisme africain. Ceux qui les commettent le font inconsciemment, puisqu'ils obéissent à leur religion, et puisque ces pratiques sont d'un usage courant. Les païens sont comme des aveugles tâtonnant dans les ténèbres, sans même savoir ce que c'est que la lumière. Et pourtant l'animisme, comme toutes les autres phases du développement humain, a ses côtés lumineux aussi bien que ses ombres. Au sein des profondes ténèbres du paganisme, on découvre par ci par là des qualités et des vertus dignes du christianisme lui-même. Il ne faut pas oublier que l'animisme, quelque indignes et funestes que soient plusieurs de ses doctrines, est cependant « un effort de nos semblables pour comprendre le grand problème de l'existence ». Un homme très au courant du paganisme a dit qu'« un désir et une recherche de Dieu courent à travers la religion animiste comme un filon d'or caché dans la Gangue de rocher ». Il faut, en outre, reconnaître que l'animiste éprouve incontestablement quelque consolation à observer certains rites « destinés à apaiser l'esprit irrité », et qu'il a la satisfaction de sentir qu'il a fait tout ce qui était en son pouvoir pour établir de bonnes relations entre lui et les esprits.

La superstition animiste a aussi développé certaines pratiques qui ont affermi le respect pour les gouvernements et contribué ainsi, par conséquent, à l'établissement et au maintien de l'ordre public;

c'est le cas, en particulier, du respect pour la propriété privée, pour le mariage et pour l'observation des lois et de la morale sexuelles. Ces pratiques ont même fortifié le respect de la vie humaine et contribué à la sécurité.

Bien que cela puisse paraître paradoxal, il est incontestable que dans les conditions brutales de la vie des tribus païennes, certaines coutumes cruelles et barbares semblent avoir été presque nécessaires au maintien de la société si corrompue au sein de laquelle vivait l'indigène. Un incident qui s'est produit sur le Haut-Congo illustrera cette assertion : Un individu devenu fou, par suite de la maladie du sommeil, ennuyait beaucoup ses voisins. Ceux-ci l'auraient volontiers relégué dans une île du fleuve pour y mourir de faim, mais la superstition le fit échapper à ce malheureux sort. En effet ses voisins croyaient que, s'ils commettaient quelque violence à son égard, son esprit reviendrait les troubler après sa mort, sous la forme peut-être d'un crocodile ou d'un léopard, ou bien par quelque odeur mauvaise et étrange, ou par un bruit mystérieux, ou encore par une maladie. Ainsi tout ce qui pousse à une conduite plus humaine doit avoir quelque bon germe secret, et même l'animisme ne doit pas être regardé comme une chose entièrement et absolument mauvaise. Ce n'est pas sans danger que les gouvernements européens et la civilisation toujours en progrès suppriment aujourd'hui en Afrique d'antiques coutumes, contraires il est vrai à notre idéal de justice et de moralité, mais qui constituent en définitive la sauvegarde de l'ordre social.

Néanmoins, en dépit de ce « filon d'or », nous sommes ramenés à l'accablant et navrant témoignage de tous ceux qui ont étudié le paganisme, et dénoncé sa terrible dégradation, tant sociale que morale et religieuse. En considérant les phases diverses qui ont marqué les relations de la civilisation européenne avec l'Afrique païenne, au cours de ces derniers siècles, nous nous demandons ce que nous pourrions bien lui donner pour remédier à ce terrible état de choses. Mais une préoccupation plus grave encore s'impose à nous : Quel message le christianisme peut-il apporter pour combler le vide que l'animisme laisse au cœur des païens ? C'est à cette question que s'efforceront de répondre les chapitres suivants.

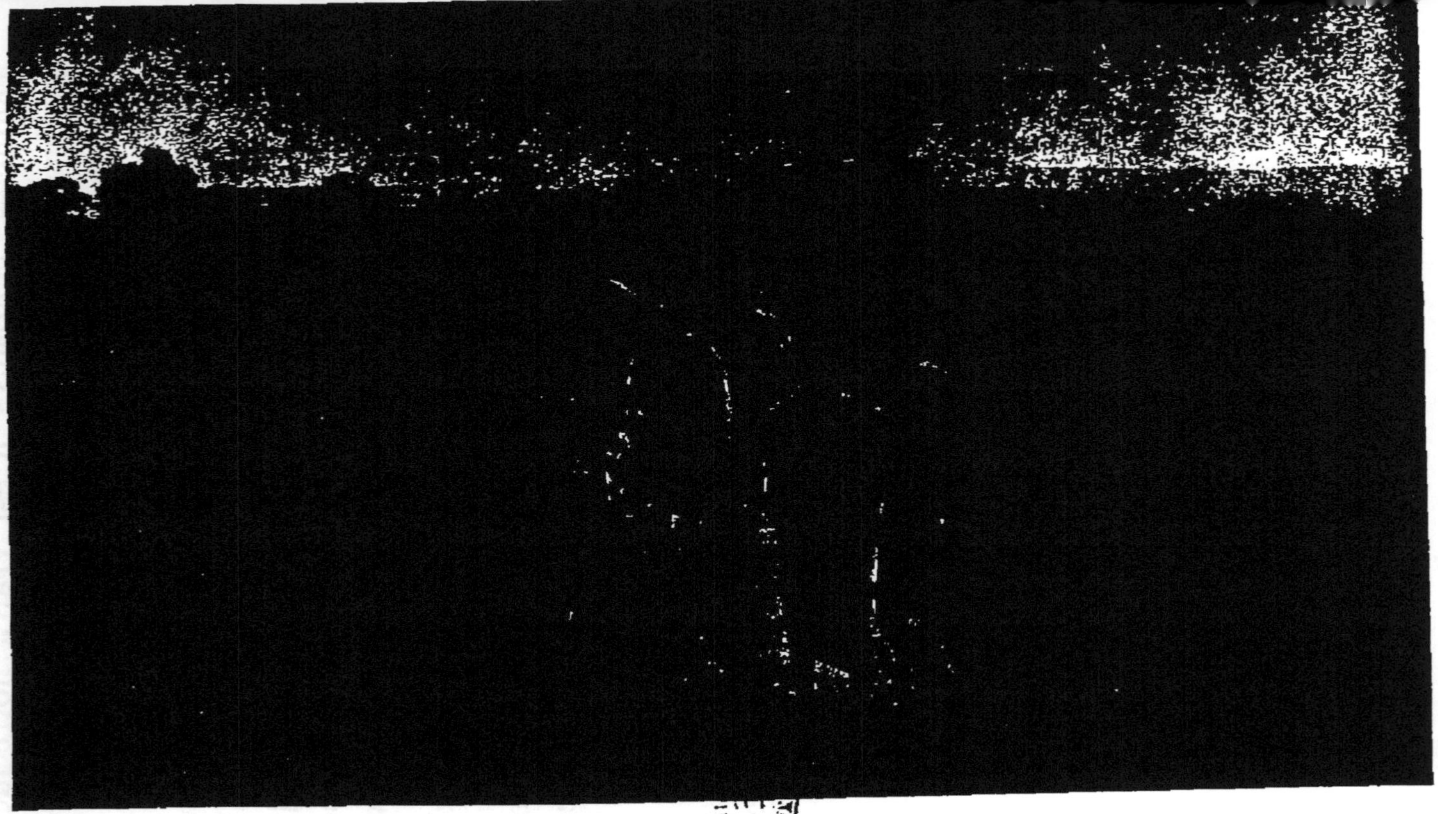

SUR LE CHEMIN DE L'ÉCOLE

CHAPITRE V

L'AFRIQUE ET L'ÉVANGILE

Sommaire.

I. — L'histoire des missions en Afrique.

- *a)* Les Moraves.
- *b)* L'œuvre de défrichement de la Société missionnaire de Londres.
- *c)* Les pionniers dans l'Afrique occidentale.

II. — L'ère nouvelle des missions.

- *a)* Afrique occidentale.
- *b)* Afrique australe.
- *c)* Afrique orientale et centrale.

III. — Les méthodes missionnaires.

- *a)* Missions industrielles.
- *b)* Missions médicales.
- *c)* L'œuvre scolaire.
- *d)* Travaux littéraires.
- *e)* Prédication.
  - 1) Sa valeur.
  - 2) La force attractive de l'Evangile.

CHAPITRE V

L'AFRIQUE ET L'ÉVANGILE

Nous nous sommes demandé, en terminant le précédent chapitre, quelle réponse l'Evangile apporte aux besoins de l'Afrique. Pour résoudre cette question il nous faut, tout d'abord, passer en revue ce qui a été fait dans le passé. Cette étude éclairera pour nous la situation présente, et le spectacle de ce qui se fait aujourd'hui nous aidera à comprendre ce que l'avenir exige encore.

I. — *a)* L'histoire des missions protestantes en Afrique remonte à la première tentative faite par l'Eglise morave d'y introduire l'Evangile. On a dit de ces chrétiens qu'ils constituent l'organisation missionnaire la plus efficace et la plus active qui ait jamais existé. Ils sont une Eglise missionnaire par excellence, et leur but principal est de porter l'Evangile aux races les moins développées et les plus négligées. Leur principe fondamental est remarquable par son bon sens pratique et vraiment chrétien : « Commençons par nous réformer nous-mêmes, et par vivre en bonne harmonie avec tous nos frères et avec tous les enfants de Dieu, à quelque religion qu'ils appartiennent. »

En l'an 1736, ils envoyèrent un missionnaire, Georges Schmidt, aux Hottentots ; pendant sept années il travailla près de la ville du Cap ; il fonda une station à Gnadenthal, et réunit quelques chrétiens autour de lui ; mais au bout de ce temps, il fut banni par le gouvernement hollandais. Un demi-siècle plus tard, les Moraves revinrent à la charge avec un héroïsme inébranlable, et recommencèrent l'œuvre à la même place. Ils y vécurent au milieu de perpétuels dangers, mais n'en groupèrent pas moins autour d'eux une importante communauté chrétienne. Peu à peu leur influence se répandit à travers toute la colonie, et jusque dans l'Afrique orientale allemande.

b) En 1799, arrivait au Cap le Dr Vanderkemp, le premier pionnier, en Afrique, de la Société missionnaire de Londres. Les moyens de communication étaient si difficiles à cette époque que Vanderkemp fit le trajet sur un bateau de forçats, et mit trois mois pour un voyage qui se fait aujourd'hui en moins de trois semaines. L'instabilité des indigènes compliqua beaucoup son travail de défrichement, et il fut chassé de ses premières stations par des invasions de noirs. Il s'établit finalement près de la Baie d'Algoa, mais il y rencontra de nouveaux obstacles provenant du gouvernement et des Européens. Les colons comprenaient que son œuvre en faveur des indigènes était en opposition avec leur façon de traiter les Cafres, et ils croyaient que l'on enseignait le refus du travail et la révolte à ceux qui se réfugiaient à l'école fondée par Vanderkemp à Bethelsdorp.

Les conditions s'améliorèrent lorsque la colonie passa sous le gouvernement britannique ; néanmoins la persécution ne cessa pas. Une taxe exorbitante fut imposée aux indigènes de l'Institution de Bethelsdorp, et cette dernière se vit gravement compromise par le manque de personnel enseignant, par l'enlèvement de ses élèves pour le travail forcé et par d'autres circonstances encore. Cependant la Société missionnaire de Londres poursuivait avec succès son œuvre sur d'autres points ; des hommes comme Moffat et Philip furent envoyés à la rescousse, et l'armée missionnaire étendit victorieusement sa ligne de front, au loin vers le nord.

Il est tout à fait impossible d'énumérer ici toutes les sociétés missionnaires qui ont travaillé en Afrique, mais il n'est que juste de rappeler le rôle exceptionnel joué par la Société missionnaire de Londres qui a, plus d'une fois, planté et arrosé là où d'autres ont moissonné. Un grand nombre de noms illustres dans les annales des missions se sont ajoutés à celui de Vanderkemp. La Société missionnaire de Londres ne s'est pas bornée à l'Afrique australe et centrale ; elle a aussi envoyé des ouvriers à Madagascar, vers 1818, et y a accompli une œuvre excellente.

c) Sur la côte occidentale, ce furent de nouveau les Moraves qui firent le premier travail de défrichement. En 1768 ils envoyèrent des missionnaires à la Côte de Guinée, mais ils y moururent tous en peu de temps. La Société missionnaire d'Edimbourg et de Glasgow envoya ensuite six hommes chez les Sousous, au nord de Sierra Leone : trois d'entre eux moururent, un autre fut tué par les Foulahs, et la mission fut abandonnée.

Peu après, cependant, la Société missionnaire de l'Eglise anglicane envoya à son tour des missionnaires aux Sousous. Le fait qu'il leur fallut trois ans pour atteindre leur champ de travail donne quelque idée des difficultés que présentaient alors les voyages ! Arrivés à destination, ils s'y heurtèrent à l'hostilité violente des marchands d'esclaves qui les considéraient comme des espions de leur contrebande. A deux reprises la station fut attaquée et détruite ; finalement les missionnaires furent obligés de battre en retraite. L'œuvre fut alors transférée à Sierra Leone, colonie fondée pour les esclaves libérés, et où les excès et la confusion régnaient en permanence. Néanmoins, en dépit de ces conditions défavorables, l'œuvre prospéra, et il y eut bientôt une grande communauté de chrétiens. Les Wesleyens eurent aussi leur part dans ce travail ; ils avaient même précédé les envoyés de la Société missionnaire de l'Eglise anglicane, puisque leur première expédition date de l'année 1811. Dix ans plus tard ils s'étendirent jusqu'à la Gambie. D'autres sociétés missionnaires vinrent ensuite, et l'œuvre se propagea le long de la côte, tant par l'arrivée de nouveaux renforts venant d'Europe que grâce aux progrès des Eglises indigènes. Mais à cause des difficultés que l'on rencontrait, à cause surtout du commerce des esclaves et des guerres continuelles qui troublaient l'intérieur, le travail dut être limité à la ligne des côtes.

II. — La suppression de la traite des noirs sur la côte occidentale, et les voyages d'exploration de Livingstone, de Krapf et de leurs successeurs, inaugurèrent une ère nouvelle de conquêtes et de progrès pour l'entreprise missionnaire en Afrique.

a) A l'ouest, Lagos, la dernière place forte du commerce des esclaves, fut occupée par les Wesleyens et par la Société missionnaire de l'Eglise anglicane. Des expéditions conduites par Samuel Crowther, le premier évêque africain, commencèrent à développer l'œuvre parmi les tribus du Bas-Niger. L'Eglise presbytérienne unie d'Ecosse étendit sa mission de Jamaïque à la Côte de Calabar ; la Mission de Bâle surmonta les premières difficultés du travail à la Côte d'Or et étendit ses ramifications dans l'intérieur, et jusque chez les Achantis ; la Société baptiste commença l'œuvre dans ce qui est aujourd'hui le Caméroun allemand, et de là s'étendit jusqu'au Congo. Les presbytériens américains se mirent au travail sur divers points le long de la côte occidentale et sur le Congo ; le Comité américain pénétra dans l'Angola et commença l'œuvre à Bihé, tandis que plus à l'intérieur les Plymouthistes travaillèrent dans la région du lac Mwérou. Aujourd'hui, il y a vingt sociétés missionnaires à l'œuvre dans ce vaste champ de l'Afrique occidentale, et l'on y compte au moins 175,000 chrétiens.

b) Dans l'Afrique du Sud, les Wesleyens vinrent après la Société missionnaire de Londres et, en 1832, ils s'organisèrent en une Société sud-africaine ayant son administration sur place. Deux sociétés allemandes vinrent ensuite. Entre temps, l'Eglise réformée hollandaise s'occupait elle aussi des gens de couleur, mais son grand réveil missionnaire ne s'est produit qu'à une époque relativement récente. L'Eglise anglicane était représentée par les agents de la Société pour la propagation de l'Evangile, qui commença son œuvre parmi les Européens en 1820, et étendit bientôt son activité aux Cafres. Les Eglises presbytériennes d'Ecosse reprirent et développèrent le travail de la Société missionnaire de Glasgow. A Natal, il y a un grand nombre de sociétés à l'œuvre ; la plus ancienne est le Comité américain, puis vinrent des sociétés norvégiennes, suédoises, allemandes, anglaises et écossaises. Au Lessouto, les protestants français travaillent depuis trois quarts de siècles. et ont acquis une influence unique. Mentionnons encore la Mission romande. avec ses deux champs de travail, l'un au Transvaal et l'autre dans la colonie portugaise de Mozambique. Il y a actuellement environ trente sociétés missionnaires dans l'Afrique australe, avec un total d'un peu plus d'un quart de million de convertis. Le recensement officiel, se plaçant à un point de vue tout extérieur, indique un chiffre beaucoup plus élevé.

c) Krapf fut le premier missionnaire qui parvint dans l'Afrique orientale. Il atteignit Mombasa en 1844, après avoir été expulsé d'Abyssinie, et son arrivée marque le début des grandes entreprises de la Société missionnaire de l'Eglise anglicane avec ses magnifiques conquêtes dans l'Est africain et dans l'Ouganda. Dans l'Afrique centrale du Sud, les missions furent le fruit direct de la vie de David Livingstone. Les Eglises écossaises s'y mirent à l'œuvre en 1875 et. après de petits commencements, étendirent leur bienfaisante sphère d'influence dans le Nyassaland. Plus récemment, l'Eglise réformée hollandaise de l'Afrique du Sud a aussi déployé une grande activité dans ces contrées. C'est la Société missionnaire de Londres qui fonda l'œuvre si difficile près du lac Tanganyika. La Mission des Universités débuta sur le plateau du Shiré, mais elle transféra plus tard sa base d'opération à Zanzibar, où elle exerça son action sur la côte et, dans la direction opposée, sur les rives orientales du lac Nyassa. Il y a aujourd'hui au moins 50,000 chrétiens indigènes dans l'Afrique orientale et centrale. C'est en 1885 que Coillard, de la Société de Paris, fonda la Mission du Zambèze.

Telles furent, en quelques mots, les étapes de « cette grande entreprise : la conversion de l'Afrique à Christ. »

III. — Pour nous faire une idée de l'influence de l'Eglise en Afrique, il nous faut étudier les moyens qu'elle adopta pour poursuivre sa grande tâche.

a) Dès le début, les missionnaires se sont efforcés d'introduire et de développer en Afrique l'industrie et le commerce, en même temps que l'œuvre d'évangélisation proprement dite. L'état arriéré et stérile de la civilisation africaine a été la cause de toutes les misères de ce continent, car les Européens n'y vinrent chercher que ce que l'on pouvait y prendre sans effort. Ce fut d'abord de l'or et de l'ivoire, puis des êtres humains, de telle sorte que le commerce de l'Afrique avec le reste du monde consista, au début, en un dépouillement pur et simple !

Les philanthropes comprirent que, pour mettre un terme au trafic des esclaves, il fallait introduire et développer de nouvelles industries qui attachassent la population au sol et missent la terre africaine en valeur. Il va sans dire cependant que tout dépend, ici encore, du but que l'on se propose. Le commerce, poursuivi dans des intentions purement financières, sans préoccupation aucune de développer les ressources de l'Afrique pour le bien de ses populations, ne tend qu'à la destruction du pays et à la corruption de ses habitants. Tel qu'il fut pratiqué pendant des siècles sur la côte occidentale, il n'a pas été capable d'arrêter le cannibalisme, l'infanticide, les sacrifices humains ni une foule d'autres maux. En réalité, il y a même des contrées où il semble avoir laissé les gens pires qu'il ne les avait trouvés. La civilisation à elle seule ne suffit pas non plus à la régénération morale d'un pays comme l'Afrique. Elle est trop souvent mêlée d'égoïsme de la part de ceux qui l'apportent, et elle ne contient pas non plus en elle-même la puissance requise pour élever un peuple.

Aujourd'hui, l'Eglise reconnaît pleinement la nécessité d'associer l'industrie à l'enseignement de l'Evangile, mais le problème se pose aussitôt de savoir quel lien devra exister entre eux. Il y a en Afrique deux sortes de missions industrielles : les unes sont commerciales, les autres sont éducatives. Les premières tendent avant tout à un résultat financier, pouvant fournir des ressources régulières aux sociétés missionnaires. Ce travail auxiliaire présente des difficultés toutes spéciales, et risque de détourner le missionnaire de sa tâche propre ou de mêler la mission aux rivalités commerciales ; aussi, dans plusieurs cas, s'est-on vu obligé d'y renoncer, ou de l'ériger en œuvre tout à fait indépendante. L'autre type de mission industrielle vise surtout au développement de l'indigène. Elle atteint son but, soit en associant le plus grand nombre possible de noirs aux travaux nombreux dont la station est le centre (défrichements, plantations, canaux, constructions, jardins, etc.), soit en fondant des écoles spéciales d'apprentissage, où l'on enseigne à fond les principaux métiers (briqueterie, menuiserie, imprimerie, etc.)

On ne se doute en général pas de l'œuvre civilisatrice étendue accomplie ainsi par la mission en de nombreux pays.

Dans quelques-unes des missions de l'Afrique du Sud, l'enseignement des arts et métiers aux indigènes est sérieusement entravé par l'action des syndicats d'ouvriers blancs. Il y eut un temps où le gouvernement du Natal décréta qu'aucun subside ne serait accordé aux écoles missionnaires si l'on n'y donnait pas un enseignement industriel. Quelques sociétés firent aussitôt venir du matériel dans ce but, mais à peine était-il arrivé que l'agitation créée par les ouvriers européens, qui redoutaient la concurrence indigène, amena le gouvernement à promulguer une loi absolument opposée à la première. Cette opposition à la main-d'œuvre indigène a pour résultat de renchérir à tel point le travail, qu'une même maison coûte cinq fois plus dans la Rhodésia du Sud qu'au Nyassaland, où les divers métiers sont encore dans la main des noirs.

Jusqu'à présent l'artisan africain ne s'est pas encore montré l'égal de l'ouvrier blanc. Ses facultés innées sont grandes, mais sa capacité de développement est limitée quand il est abandonné à lui-même. On voit des indigènes conduire des bateaux à vapeur sur le Niger, construire des maisons pour les Européens un peu partout en Afrique, fabriquer leurs meubles et imprimer leurs livres ; les uns sont commis de bureau et les autres télégraphistes... mais il leur faut toujours la surveillance et la direction d'un blanc. Cependant quand on voit une grande institution comme celle de Tuskegee dans l'Alabama, aux Etats-Unis d'Amérique, où ce sont des Africains qui ont, non seulement construit les bâtiments, mais fait eux-mêmes les plans, et où des professeurs africains compétents enseignent une trentaine de métiers différents dans les classes techniques, on doit bien admettre que l'on puisse voir, dans l'avenir, des Africains concevoir, diriger et développer une civilisation digne de ce nom.

Il convient de remarquer que dans toutes les missions industrielles qui ont obtenu de bons résultats, on avait maintenu un ton spirituel élevé, et l'on avait toujours eu soin de subordonner l'œuvre tout entière au but suprême, qui est de faire connaître Jésus-Christ aux élèves et de former leur caractère. Il importe de souligner ce fait à cause des trop nombreux jugements superficiels de fonctionnaires et de voyageurs qui n'ont vu, ou voulu voir, que les transformations extérieures.

b) Une autre branche, d'importance capitale, de l'œuvre missionnaire en Afrique est la mission médicale. Les docteurs indigènes sont légion et ils se divisent en deux classes : ceux qui ont quelques capacités médicales et chirurgicales, variant selon les individus, et les exorcistes qui croient que toutes les maladies proviennent d'une possession démoniaque. Il serait difficile de dire tout ce que l'Afrique a souffert grâce à ses médecins ! C'est à eux qu'elle doit, non seulement une chirurgie barbare et des médecines terribles capables de tuer un homme aussi bien que de le guérir, mais encore des pratiques sauvages et superstitieuses, ainsi que des accusations de sorcellerie qui ont causé la ruine de nombreux villages et la mort d'un grand nombre d'innocents. On comprend qu'en présence de ces faits Livingstone et ses émules aient proclamé, sans se lasser, l'absolue nécessité des missions médicales. Ils ont pressenti les innombrables avantages qu'entraînerait le traitement éclairé et humain des souffrances des indigènes. Ils ont compris qu'un grand nombre de maladies mortelles seraient à jamais bannies, lorsque l'on aurait réussi à déraciner les pratiques superstitieuses des magiciens. Ils ont vu aussi que pour ceux qui entreprenaient des voyages d'exploration en Afrique, ou qui cherchaient à faire l'œuvre de pionniers auprès de chefs indigènes rusés et hostiles, des connaissances médicales étaient à peu près indispensables.

On ne saurait exagérer l'œuvre accomplie par les missions médicales. Ce sont elles qui ont permis de dévoiler les tromperies, les superstitions et les cruautés des médecins indigènes. La bonté des missionnaires pour les malades est une révélation continuelle de la loi nouvelle de la miséricorde. Dans plus d'une occasion le médecin missionnaire a, par son habileté, ouvert des portes qui sans cela seraient demeurées fermées pour les missions chrétiennes. En faisant naître dans leurs cœurs des sentiments de reconnaissance pour une vie sauvée ou pour des souffrances allégées, le docteur a attaché les indigènes aux missionnaires par les solides liens de l'amitié. Les missions médicales ont été également utiles aux blancs ; aux missionnaires en particulier, en prolongeant leur vie, et en augmentant leurs réserves de forces si nécessaires.

Bien que la plupart des missionnaires acquièrent en Afrique une teinture de connaissances médicales, et pratiquent par la force des circonstances passablement de chirurgie et de médecine, on y rencontre moins de travail médical spécialisé qu'en Inde et que dans d'autres pays. Presque tous les docteurs qui exercent leur art dans l'Afrique païenne sont forcés de se dépenser dans toutes les directions. Peu d'entre eux disposent d'hôpitaux suffisants, et ils n'ont que trop rarement le temps ou l'occasion de se livrer à des recherches scientifiques sur les terribles fléaux qui ravagent le continent. Il y a cependant quelques remarquables exceptions : le grand hôpital que dirigent les frères Cook à Mengo, dans l'Ouganda, compte cent trente lits. est très bien monté et attire des malades de toutes les parties de l'Afrique équatoriale ; à Blantyre, dans le Nyassaland, il y a un grand hôpital avec deux docteurs. Dans l'Afrique du Sud, presque toute l'œuvre médicale en faveur des indigènes est faite par les soins du gouvernement; pourtant l'hôpital Victoria, à Lovedale, accomplit une œuvre très utile bien que forcément limitée.[1] Il y a en tout une centaine environ d'hôpitaux et de dispensaires en Afrique, la plupart sont dirigés par des docteurs, quelques-uns par des gardes-malades capables. Dans plusieurs hôpitaux un enseignement systématique est donné à des indigènes qui sont ensuite mis à la tête de policliniques, ou employés comme assistants dans des hôpitaux. Jusqu'à présent cependant aucun véritable médecin indigène n'a encore été formé dans des écoles africaines. La plupart des protectorats et des colonies ont édicté des lois interdisant la pratique médicale à quiconque n'a pas obtenu un diplôme dans une école européenne de médecine dûment reconnue.

[1] Rappelons ici l'œuvre médicale accomplie par la Mission romande dans ses deux champs de travail. Son hôpital d'Elim — au Transvaal — reçoit des subsides du gouvernement (N. du tr.).

c) L'instruction a été un des plus grands moyens d'action de toutes les missions dans l'Afrique païenne. Les premiers missionnaires se sont trouvés en présence de gens qui n'avaient aucune littérature à eux, et aucun moyen de s'instruire mutuellement. On a découvert, à la côte occidentale, qu'une ou deux tribus avaient certains signes servant à reproduire le langage, mais ils étaient secrets et peu nombreux. La conséquence de ce manque de littérature était que l'intelligence du peuple avait peu d'occasions de se développer. La guerre et d'autres causes encore fermaient, pour ainsi dire, les frontières de chaque tribu, en sorte que chacune d'entre elles vivait dans un état d'isolement qui empêchait tout échange d'idées. Seules les superstitions traditionnelles expliquaient les phénomènes naturels, et la coutume dictait la marche à suivre. C'est leur joug pesant que l'instruction, plus que toute autre chose, contribue à briser. Elle a aussi préparé la voie à l'Evangile. La vérité chrétienne ne pénètre pas d'une façon soudaine, ni du premier coup, dans l'esprit de l'indigène. Mais au fur et à mesure que son instruction se développe, il saisit mieux la portée de l'enseignement spirituel et moral de l'Evangile. D'ailleurs l'art de la lecture met à sa portée la Bible, ce grand instituteur divin dont la voix pourra toujours se faire entendre. Voici un exemple frappant de ce que nous avançons : Une mission, en Afrique, dans son mépris pour la routine de l'enseignement scolaire, croyait que la proclamation quotidienne de l'Evangile suffirait à créer des vies chrétiennes. Un des missionnaires, qui est un linguiste distingué, traduisit le Nouveau Testament dans la langue indigène, mais lorsqu'il fut publié, ses collègues et lui se rendirent compte que, bien que leurs gens fussent en possession de ce trésor inestimable, personne ne pouvait le lire !

L'œuvre scolaire rattachée à la mission revêt, en Afrique, une forme essentiellement élémentaire, mais son personnel et son outillage sont forcément inadéquats, surtout dans les protectorats où les sociétés missionnaires doivent faire face presque entièrement aux dépenses d'ordre scolaire. Lorsqu'un groupe de villages désire une école, on y envoie quelques jeunes chrétiens en guise d'instituteurs. Ce sont peut-être des jeunes hommes récemment mariés, d'un caractère éprouvé, mais qui au point de vue de l'instruction n'ont pas été au-delà du IVme ou du Vme degré. Ils prennent avec eux des alphabets, un petit tableau noir, quelques ardoises et quelques crayons, et ainsi équipés se mettent à enseigner. Ils ne semblent guère instruits eux-mêmes, mais ils ont pour eux un ou deux avantages qui les élèvent au-dessus de leur entourage païen. Ils sont habillés, tandis que leurs élèves sont nus ; ils se lavent chaque jour, tandis qu'autour d'eux on se frotte avec de l'huile et l'on est couvert de poussière. Les pages imprimées leur parlent, tandis qu'elles demeurent muettes pour tous les autres habitants du village. Les jeunes instituteurs connaissent, en outre, le Dieu de l'Evangile et le Sauveur des pécheurs, tandis que leur entourage ne sait rien de Dieu, et tremble devant des fétiches ou des esprits. Les uns ont appris une loi nouvelle de miséricorde envers ceux qui souffrent, de sobriété et de pureté dans leur conduite ; les autres s'enivrent chaque fois qu'ils peuvent se procurer de la bière, ils brutalisent les faibles et se complaisent dans l'impudicité. Dès lors, quelque mince que soit l'instruction de ces instituteurs, ils sont déjà bien audessus du niveau païen, et surtout ils sont orientés vers la lumière. Ils commencent leur école en plein air, à l'ombre d'un grand arbre, et comme tous les élèves sont dans la même classe, et débutent dans l'art d'épeler, l'enseignement se trouve terminé longtemps avant la fin de la matinée. Quand la classe est finie, les instituteurs apprennent aux habitants du village à élever une construction sur un large plan rectangulaire, et, au bout d'un mois ou deux, les élèves passent de la classe en plein air dans la maison d'école qu'ils ont eux-mêmes bâtie, et qui est de beaucoup la meilleure et la plus grande construction de la communauté.

L'école se développe rapidement. Avant la fin de l'année les bons élèves sauront lire, tandis que les autres traîneront de semestre en semestre dans les degrés inférieurs. Chaque jour, on se sert des ardoises, et les mystères du livret sont bientôt révélés. Les instituteurs s'efforcent alors de faire payer un modeste écolage par leur élèves... mais aussitôt leur nombre diminue, et il ne reste plus qu'une minorité vraiment désireuse d'apprendre et qui paie sans murmurer. Il y a chaque jour une heure d'enseignement biblique dont les fruits spirituels et moraux ne tardent pas à se montrer; bientôt des cœurs sont touchés, et un petit groupe commence à se former autour de l'instituteur.

Les meilleures de ces écoles conduisent rarement leurs élèves au-delà de la lecture en langue indigène, de l'écriture et de l'arithmétique élémentaire. Mais c'est assez déjà pour leur permettre de communiquer les uns avec les autres en cas d'absence, de faire les simples calculs de la vie quotidienne et de lire des livres, surtout celui de Dieu.

Telle est, en quelques traits, la description d'une école d'avant-garde au Nyassaland et dans la plupart des pays de l'Afrique païenne. A la suite de ce premier travail, d'autres écoles s'établissent, dont le programme devient naturellement plus complet, et l'instruction peut être alors donnée au moyen de méthodes plus systématiques.

Les missions ne pratiquent pas toutes cette méthode. Il en est qui n'instruisent que les élèves de la station proprement dite ; les convertis doivent alors tous quitter leur entourage païen et venir s'établir dans le voisinage des missionnaires.

UN TRAVAIL SÉRIEUX

D'autres sociétés ouvrent de grands internats pour l'instruction et l'éducation d'enfants qui témoignent d'aptitudes spéciales, avec l'espoir qu'ils retourneront ensuite au milieu des leurs et y exerceront une salutaire influence. Cette méthode rend possible une instruction plus approfondie, mais sur un cercle beaucoup plus restreint d'élèves.

L'instruction secondaire est quelque chose de relativement récent en Afrique. Elle est rendue nécessaire par le besoin qu'on éprouve de plus en plus d'avoir des instituteurs bien préparés, ainsi que par le développement des écoles élémentaires elles-mêmes. Dans l'Ouganda, l'enseignement professionnel des instituteurs n'a été entrepris que sur une petite échelle, et il est encore à peine organisé aujourd'hui. La mission française au Lessouto a fondé successivement les écoles normale (1865), biblique, supérieure des jeunes filles (1871). Elle a même une école de théologie depuis 1881. La Mission romande a une école normale depuis 1904. Dès 1827, le *Fourah Bay College* fut fondé à Sierra Leone pour la préparation d'instituteurs indigènes. Dès lors il a été affilié à l'Université de Durham, et il est la seule école indigène d'Afrique qui confère des titres. Plusieurs autres anciennes missions ont leurs écoles secondaires et normales, telles la Société missionnaire de l'Eglise anglicane à Abeokuta et à Oka, sur le Niger, les Ecoles supérieures wesleyennes à Freetown, la Mission de Bâle à la Côte d'Or, etc. Au Nyassaland chaque mission a maintenant son école normale centrale où les futurs instituteurs reçoivent un cours complet d'enseignement professionnel. L'Afrique du Sud compte aussi un grand nombre de séminaires d'instruction supérieure, et la plupart des grandes missions en ont un ou deux. Mais, en dépit des avantages considérables que présente une sérieuse préparation, une petite proportion seulement des instituteurs actuellement à l'œuvre dans les écoles de ces anciennes missions ont suivi un cours complet d'instruction. D'une part le besoin urgent de maîtres d'école, et de l'autre l'attrait de situations plus lucratives, expliquent ces sorties prématurées de l'école normale. Cependant il faut reconnaître que l'enseignement donné dans les écoles élémentaires par ces instituteurs incomplètement préparés est encore bien supérieur à ce que l'on trouve plus au nord ! Malheureusement, tant dans l'Afrique australe qu'à Sierra Leone, l'influence religieuse des écoles ne s'est pas maintenue au niveau de leurs progrès purement pédagogiques.

On projette actuellement la fondation d'un vaste collège indigène à Lovedale, dans l'Afrique du Sud. La plupart des grandes sociétés missionnaires ont donné leur approbation à ce projet et ont promis de contribuer à sa réalisation. Le gouvernement a également accordé son concours, et les Etats indigènes ont offert de grosses sommes d'argent. On ne se propose pas de fonder un collège du type européen, afin de ne pas dénationaliser les noirs, mais on projette une école vraiment indigène, qui, — tout en évitant d'abaisser le haut degré de culture que l'on est en droit d'attendre d'un établissement affilié à l'Université. — initiera les indigènes aux arts et aux sciences. pour les rendre capables de servir leurs compatriotes en qualité d'instituteurs, de pasteurs, de docteurs ou dans toute autre sphère d'activité à laquelle ils se destineront.

Actuellement le type d'instruction que donnent les missions dans leurs écoles change continuellement. Les vieilles méthodes sont abandonnées, et l'on en adopte de plus modernes et de plus scientifiques. Tous les missionnaires réclament un enseignement plus pratique dans les écoles. de façon à développer les mains et le corps tout entier. aussi bien que l'intelligence. On se rend compte que les manuels scolaires de beaucoup de missions manquent leur but parce qu'ils ne sont pas adaptés à la vie du peuple.

Peu à peu ces questions trouveront leur propre solution grâce aux leçons de l'expérience. grâce aussi à la lumière que la science pédagogique moderne jette sur les problèmes de l'instruction de l'enfance.

d) A peine une mission débute-t-elle que le besoin d'une imprimerie se fait sentir. Il en faut tout d'abord pour l'impression des manuels scolaires puis, un peu plus tard, pour celle de portions de la Bible et d'autres livres destinés à l'instruction des chrétiens et au développement de leur vie spirituelle. L'alphabet romain et l'épellation phonétique ont été adoptés, ce qui facilite beaucoup l'enseignement de la lecture, et permet de fixer définitivement l'orthographe de la langue.

Plusieurs missions publient un journal mensuel, parfois un hebdomadaire, qui non seulement enseigne la vérité chrétienne, mais qui encore élargit l'horizon des lecteurs en leur donnant des nouvelles du monde extérieur ainsi que quelques connaissances scientifiques. A Madagascar, où l'activité littéraire a été très accentuée dès le début, une littérature considérable se développe. La Bible entière y a été traduite les premières années et elle a été revisée dès lors. Des livres, traitant de la vie spirituelle, de théologie, d'histoire de l'Eglise et d'apologétique, ont été publiés ainsi que des commentaires sur la Bible et un grand Dictionnaire biblique de neuf cents pages. Dans l'Ouganda on publie la Bible ainsi que d'autres ouvrages de piété, les Guides bibliques d'Oxford, plusieurs commentaires et manuels d'histoire ecclésiastique. Au Lessouto également, il y a un journal hebdomadaire qui est publié, sans interruption, depuis quarante-trois ans. La Bible entière a été traduite en sessouto, de même que plusieurs commentaires, un Dictionnaire biblique et d'autres ouvrages utiles.

Dans l'Afrique occidentale et australe, le développement qu'a pris la connaissance de l'anglais a quelque peu restreint le nombre des publications en langue indigène. Mais en dépit de ce que nous venons de voir, les indigènes instruits lisent peu ; beaucoup se contentent de leur Bible et de leur recueil de cantiques, ce qui s'explique peut-être par le caractère très élémentaire de la plupart des écoles primaires. Les élèves appartenant à la première génération de chrétiens entrent à l'école à un âge trop avancé pour qu'on puisse les y garder assez longtemps, et presque tous quittent l'école avant de savoir lire couramment. Malheureusement aussi un beaucoup trop grand nombre des livres publiés en langue indigène sont de simples traductions, qui conservent une forme difficile et étrangère, sans grand attrait pour les noirs. On aurait besoin d'ouvrages écrits d'un point de vue indigène et avec la mentalité spirituelle des lecteurs auxquels ils seraient destinés. Le temps n'est pas encore venu pour l'Africain de produire lui-même sa propre littérature, bien qu'il existe un ou deux exemples remarquables de livres vraiment utiles et populaires écrits par des noirs convertis.

Un fait symptomatique pour l'avenir de l'Afrique c'est que jusqu'à présent la littérature en langue indigène est d'une inspiration nettement chrétienne, et sort presque uniquement de presses missionnaires. Au sud de l'Afrique, il y a deux ou trois journaux en langue indigène publiés par des noirs, qui tous ont passé par des écoles chrétiennes et sont favorables au christianisme. On peut donc dire avec confiance que dans l'Afrique centrale et australe la presse est entièrement chrétienne, et constitue un facteur important d'évangélisation pour le pays.

e) Si l'on considère les missions au point de vue de leur action plus directement *religieuse*, on y découvre une étonnante unité de but et de méthode.

1. La prédication de l'Evangile reste partout au premier plan. On pourrait probablement affirmer que c'est par elle que la très grande majorité des chrétiens d'Afrique a été amenée au Christ.

La prédication le dimanche, et souvent aussi pendant la semaine, les cultes en plein air dans les villages, les entretiens particuliers sur la route ou dans les maisons, telles sont les méthodes habituelles pour la proclamation de l'Evangile.

La prédication n'est pas réservée, bien entendu, aux seuls missionnaires européens ; dans certaines régions elle a été faite uniquement par des indigènes. Le blanc est toujours aux prises avec la difficulté qu'il éprouve à parler une langue étrangère. et à faire passer ses pensées par un autre moule ; en revanche il a pour lui le prestige que lui confère son titre d'Européen et l'avantage d'être mieux instruit dans la vérité chrétienne. « Il se présente aux noirs, a-t-on dit très justement, comme le représentant d'une connaissance plus élevée, de forces supérieures et du merveilleux appareil du monde extérieur pénétrant jusqu'à eux. Il est associé, dans leurs esprits, au respect dû à la puissance étrangère qui le couvre de son autorité ; il gagne leur confiance, ou du moins force leur considération, par les qualités que développent en lui sa science supérieure et sa culture, et plus encore par le principe chrétien qui inspire sa vie et qui est à l'œuvre au milieu d'eux. »

Il n'est pas bon que l'Européen laisse s'affaiblir la puissance qui pourrait accompagner sa prédication. Il y a un danger, en Afrique, dans l'absence du stimulant qu'exerce sur un prédicateur un auditoire intelligent et doué de sens critique ; le missionnaire risque de s'acquitter trop à la légère du plus grand et du plus régulier de ses devoirs.

D'autre part, les capacités de l'indigène pour l'œuvre d'évangélisation ont fait maintes fois leurs preuves. Dans plusieurs champs missionnaires de l'Afrique, chaque membre de l'Eglise est un évangéliste, sinon par la proclamation publique de l'Evangile, du moins par des entretiens privés et familiers. L'art de parler en public est inné aux Africains, et les petits garçons eux-mêmes n'éprouvent aucune gène à se lever et à parler devant leurs aînés. Cette facilité de parole fait à la fois leur force et leur faiblesse : on trouve aisément des prédicateurs là où la vie chrétienne a été éveillée, mais il est plus difficile de trouver des prédicateurs qui se préparent soigneusement ou qui instruisent réellement leurs auditeurs par leurs sermons.

Cependant ces simples chrétiens indigènes sont les véritables propagateurs du christianisme. Grâce à eux, le missionnaire peut, pour ainsi dire, se multiplier cent fois et — dans beaucoup de missions — pour chaque Européen qui annonce la Parole de Dieu le dimanche, il y a cent chrétiens indigènes qui proclament le même message dans les villages dispersés du voisinage.

Les avantages de l'évangéliste noir sur le missionnaire blanc sont évidents. Son travail n'est pas interrompu par des séjours prolongés de repos qui arrêtent le missionnaire européen dans un climat étranger. Il comprend mieux ses semblables, leur mentalité et leur attitude, tant à l'égard du passé que du nouvel Evangile. Il parle leur langue couramment et de la même façon qu'eux, et sait mieux employer les allégories frappantes. En effet, si la plupart des langues africaines sont relativement aisées à apprendre, leur simplicité même est une source de difficulté pour l'étranger.

En outre, le chrétien indigène est, vis à vis de ses compatriotes, un homme transformé et pourtant de leur espèce ; il montre par sa conduite et par sa vie de famille ce que peut faire l'Evangile. Le missionnaire européen sort d'un milieu tout différent, et l'Africain s'imagine volontiers que sa supériorité morale est affaire de naissance et de climat. La pratique quotidienne de la tempérance, du travail, de l'économie, de la véracité et des autres vertus chrétiennes par un indigène converti, mais qu'il a connu précédemment comme étant un païen semblable aux autres, est pour lui un témoignage bien plus convainquant de la puissance de Dieu que la conduite exemplaire d'un étranger.

2. On peut se demander en quelle mesure les païens sont à même d'apprécier et de comprendre le message que le christianisme leur apporte.

Souvenons-nous, tout d'abord, que l'esprit du païen africain n'est pas sans avoir été quelque peu préparé à recevoir l'enseignement du christianisme. La religion animiste dans son ensemble n'est pas opposée à l'Evangile, elle présente même avec lui plusieurs points de contact qu'aucun missionnaire ne devrait ignorer. Nous avons vu, dans le chapitre précédent, comme quoi la notion vague et indéfinie d'un grand Dieu inconnu se retrouve même chez les tribus les plus sauvages ; nous avons vu également la croyance, déformée mais vivante, en une existence de l'âme après la mort. Le besoin d'expiation, vis-à-vis des dieux qu'il a offensés, engendre chez le païen la croyance en l'efficacité du sacrifice. Le missionnaire peut utiliser et réunir ces fragments épars pour élever sur ce fondement la Cité de Dieu en Afrique. Il conduira pour cela ses auditeurs du connu à l'inconnu. S'il arrive, au contraire, chez les païens, animé d'une sourde hostilité pour toutes leurs croyances et pratiques, s'il cherche à enrayer l'ivrognerie en brisant les marmites de bière, s'il s'efforce de renverser la superstition en pénétrant dans les bosquets sacrés et en dispersant leurs fétiches, il s'apercevra bientôt qu'il n'a fait que s'aliéner les gens, sans diminuer en rien leur sensualité ou leur superstition. On n'éclaire pas une chambre en en balayant l'obscurité, mais en y allumant une lumière ; de même, le meilleur moyen de proclamer la vérité consiste à bien souligner ce qui est connu, comme l'existence de Dieu, l'immortalité de l'âme, le besoin d'expiation, pour passer ensuite à une révélation plus complète et plus élevée.

Il ne faudrait pas croire, d'ailleurs, que la nouveauté de l'enseignement évangélique soit un obstacle à l'œuvre missionnaire parmi les païens d'Afrique. La Bonne Nouvelle leur apporte quelque chose qu'ils n'ont encore jamais expérimenté, et qu'ils reçoivent avec joie. Nous avons vu précédemment à quel point la religion de l'Africain est celle de la crainte ; elle lui impose des souffrances quotidiennes et même de véritables tortures s'il est malade ou sans défense ; elle foule aux pieds tous ses instincts humains et fait triompher la doctrine barbare « la force est le droit ». Le christianisme oppose à cette religion cruelle un message de sympathie et de certitude. Christ apparaît comme celui qui peut vaincre les démons et les mauvais esprits qui règnent sur les hommes. Le païen prête volontiers l'oreille à un pareil message, sans même se préoccuper, tout d'abord, de sa partie religieuse. Des cœurs, qui sans cela seraient peut-être restés froids et indifférents, éprouvent alors le désir d'en entendre davantage et de progresser vers le bien. Ces peuples ignorants, accablés par la souffrance et par la misère, attendent avidement la consolation divine, car la souffrance terrestre pousse les hommes à étendre leurs mains vers les dons de l'Evangile »[1].

Une autre puissante influence qui s'exerce aujourd'hui est la personnalité des messagers du Christ. L'Africain est très sensible à la bonté : l'amour désintéressé et la vérité pour elle-même sont des conceptions absolument nouvelles pour lui, mais il en comprend promptement la valeur, comme si un sens latent d'appréciation s'éveillait en lui, en présence de cette révélation étrange. Le païen endurci, qui ne connaît que l'égoïsme, en lui et autour de lui, est insensiblement adouci par l'action de l'amour « qui ne cherche point son propre intérêt, mais le bien d'autrui ». Les vertus chrétiennes éveillent dans le cœur de l'animiste des sentiments dont il ignorait absolument l'existence. « La confiance en la personne du missionnaire conduit à la confiance en son Dieu[2] » et c'est ainsi que le païen est amené à l'accepter et à le servir.

Le message évangélique apporte aussi au monde la connaissance d'un Dieu personnel et plein d'amour. Le païen fait fréquemment l'expérience de

[1] WARNECK. *The living forces of the Gospel*, p. 160.
[2] Ibid. p. 170.

l'impuissance de ses propres divinités, et il est profondément impressionné par la notion d'un Dieu accessible, ainsi que par sa puissance, son amour et sa providence qui dirige toutes choses. Il est ainsi amené à prier, pratique qui lui était complètement inconnue jusqu'alors et à laquelle il s'adonne maintenant avec joie. « Le païen qui est entré en relation personnelle avec Dieu éprouve le besoin de Lui dire tout ce qu'il ressent. [1] ».

On ne peut pas s'attendre à trouver une pleine compréhension de ce que signifie la Croix de Christ chez un peuple qui n'a guère, ou même pas du tout, le sentiment du péché. Avant que le païen puisse concevoir en son esprit la puissance du Christ Sauveur, il a bien des degrés à franchir. Il lui faut d'abord acquérir quelque sentiment du péché : or l'une des plus grandes difficultés, en prêchant, consiste à trouver des mots exprimant d'une façon adéquate des notions telles que la pureté, la confiance, la sainteté. Ce sont là, du reste, des choses que l'homme n'apprend que lorsqu'il croît dans la connaissance de Dieu. C'est en révélant Dieu à l'âme païenne, qu'on lui enseigne, en quelque mesure, ce que signifient ces mots de pureté ou de sainteté que nous employons, et ce n'est que quand ces choses sont apprises que le sentiment du péché se produit dans le cœur, et que le noir peut comprendre ce que signifie « Jésus-Christ et Jésus-Christ crucifié ».

[1] Warneck. *The living forces of the Gospel*. p. 210.

ÉGLISE A BLANTYRE (Nyassa)

CHAPITRE VI

LES RÉSULTATS DE L'ŒUVRE MISSIONNAIRE

Sommaire.

I. — L'influence des missions en Afrique.

II. — Les résultats sociaux.

a) Etablissement de la paix.

b) Influence sur les chefs africains.

c) Suppression des maux sociaux.

III. — Etablissement de l'Eglise en Afrique.

a) Comment une Eglise se constitue.

b) Admission des membres.

c) Obstacles à la vie de l'Eglise.

d) Persécution endurée.

e) Libéralité.

f) Zèle missionnaire.

IV. — Conclusion.

CHAPITRE VI

LES RÉSULTATS DE L'ŒUVRE MISSIONNAIRE

I. — Le christianisme, nous l'avons vu, a une grande tâche à remplir en faveur de l'Afrique, et l'Eglise chrétienne s'efforce de s'en acquitter par une activité aux formes diverses et multiples. Bien que l'effort accompli puisse paraître faible en regard de la grandeur de la tâche, nous devons pourtant reconnaître que l'Afrique reçoit beaucoup de l'Europe chrétienne, tant en vies humaines qu'en argent.

Quels sont donc aujourd'hui, pouvons-nous demander, les résultats de ces activités variées en Afrique ? Constate-t-on des changements ? Peut-on légitimement espérer qu'un jour ce continent prendra place dans les manifestations de la vie chrétienne, avec les autres nations du monde ? Ce sont là tout autant d'importantes questions, auxquelles on ne saurait répondre sans beaucoup d'étude et de réflexion.

Dans un pays aussi étroitement uni à la civilisation européenne que l'Afrique, il est difficile de dire d'une façon précise quels sont les résultats véritables du christianisme, attendu que Dieu utilise de nombreuses forces pour l'accomplissement de sa volonté, et que plus d'un indifférent, ou même d'un adversaire, peut se trouver avoir contribué ainsi, à son insu, à l'avancement de son Règne. Dieu se sert de la force des gouvernements et du commerce pour frayer la voie à ses messagers, pour établir la paix et le bon ordre, pour enrichir et éclairer les peuples sauvages et pour faciliter l'accès du continent. Nous avons relevé déjà quelques-unes de ces influences, mais il nous faut étudier maintenant, d'une façon plus spéciale, les changements qui ont été opérés par l'œuvre missionnaire proprement dite. Pour plus de clarté, nous examinerons tout d'abord l'influence exercée par les missions, dans le domaine social, par leurs relations avec les tribus indigènes ; nous considérerons ensuite leur influence en ce qui concerne l'établissement d'une Eglise vraiment africaine et non plus simplement importée de l'étranger.

I. — *a*) A maintes reprises, l'enseignement de l'Evangile, indépendamment de l'influence exercée par un gouvernement puissant, a détourné les peuples de la guerre et de la révolte, et les a amenés à prêter une oreille attentive aux ordres des autorités. Parlant des premiers temps de la colonisation britannique en Afrique, un historien s'exprime comme suit : « Sans les missionnaires, les indigènes auraient été dépourvus de toute protection efficace. Ce n'était que grâce aux missionnaires que les récits d'injustices ou de cruautés commises à l'égard d'un noir pouvaient parvenir aux oreilles du gouvernement britannique... On doit se réjouir à la pensée que les ministres de la religion furent les champions de la race la plus faible. et qu'ils entretinrent chez les gouvernants le sentiment d'un de leurs premiers devoirs. » Les missionnaires agirent très souvent comme pionniers et comme médiateurs lors de l'établissement d'un gouvernement européen dans telle ou telle contrée de l'Afrique. Bien que la plupart d'entre eux s'efforcent d'éviter tout ce qui pourrait les faire ressembler à des agents de quelque nation particulière, ils ont souvent été obligés, par les circonstances, d'insister auprès des puissances européennes pour qu'elles établissent des protectorats. afin de délivrer des populations menacées par les empiètements d'Européens mal intentionnés. par des guerres avec d'autres tribus indigènes, ou par la traite des esclaves. Ce fut à l'instigation des missionnaires, que les chefs béchuanas demandèrent à l'Angleterre d'administrer leur pays, lorsque la découverte des mines d'or et les tentatives des Boers mirent leur avenir en péril. Ce furent également les sociétés missionnaires qui, par leur insistance, forcèrent le gouvernement britannique à établir son protectorat sur le Nyassaland, l'Afrique orientale et l'Ouganda. Un autre fait digne de remarque, c'est que partout où la *Livingstonia Mission* précéda le gouvernement, aucune expédition militaire ne fut nécessaire. Il n'y eut de combat qu'à Karonga, où la guerre était faite contre les Arabes esclavagistes et où les indigènes combattaient du côté de l'Angleterre.

Pendant la longue guerre que les Allemands soutinrent contre les Hottentots du sud-ouest, les Hereros restèrent en paix plusieurs années, grâce à l'influence des missionnaires allemands ; lorsqu'ils se furent à leur tour mis en campagne et qu'ils eurent été battus, les missionnaires s'entremirent pour la conclusion de la paix et réussirent à en amener 12,000 à faire une soumission volontaire.

John Mackenzie a formulé en ces termes le principe inspirateur des sociétés missionnaires protestantes : « Le missionnaire qui va dans un pays païen le fait à ses risques et périls, et n'a aucun droit d'en appeler au gouvernement de son pays pour le secourir, si sa vie est en danger. » Cette attitude est celle de la très grande majorité des sociétés de missions protestantes.

b) On pourrait citer de nombreux exemples où l'avenir de tribus entières a été sauvegardé grâce à l'influence de chefs avisés, qui avaient été eux-mêmes dirigés par les missionnaires.

Le beau-père de Livingstone, le vénérable missionnaire Robert Moffat, acquit un extraordinaire ascendant sur le célèbre chef pillard des Hottentots, Africaner, dont le nom seul faisait trembler les tribus avoisinantes. Sa tête avait été mise à prix par le gouvernement du Cap, lorsque Moffat entra en relations avec lui. Africaner avait été, dans sa jeunesse, au service d'un certain Hollandais, du nom de Penaar, qui l'avait traité avec tant de cruauté, qu'un jour il le tua et s'enfuit. Il rassembla alors autour de lui tout un clan de maraudeurs hottentots sans aveu, et pendant des années, il mena une vie de guerre et de pillage, n'épargnant ni blanc ni noir. Cependant Moffat pénétra jusqu'au village du chef et commença courageusement une œuvre missionnaire parmi ses gens. Peu à peu, il triompha de la méfiance et de l'hostilité d'Africaner, et il finit par gagner si bien son affection et son respect que le chef accepta le christianisme. Il fut baptisé par Moffat, renonça radicalement à ses mœurs criminelles et mena dès lors une vie paisible. Lorsque Moffat alla à la ville du Cap pour y rendre visite au gouverneur, Africaner l'accompagna, et cette démonstration visible de la puissance conquérante de l'Evangile produisit une profonde impression.

Un autre chef célèbre de ces temps déjà anciens, fut Waterboer, qui avait été catéchiste au service d'une des missions dépendant de la Société missionnaire de Londres. Nommé chef de Griquatown, il ne tarda pas à acquérir une grande puissance. Il fit cesser tout pillage, tant par son propre peuple que par les tribus voisines, et après avoir annexé ces dernières, il leur fit mener une vie paisible. Il se mit à la tête des chefs griquas, et réussit à chasser de Kuruman la horde réputée invincible des Mantitis, qui dévastaient des régions entières de l'Afrique australe. D'année en année, sa réputation et sa puissance allèrent grandissantes jusqu'à ce que le gouvernement reconnût quel précieux allié il pouvait avoir en lui.

Un autre exemple encore nous est fourni par Moshesh, le grand chef des Bassoutos, qui cessa ses expéditions de pillage sous l'influence des missionnaires français. Cette influence a été prépondérante durant les deux dernières générations, en sorte que le peuple du Lessouto est peut-être, aujourd'hui, le plus stable et le plus avancé dans la civilisation de tous ceux du sud de l'Afrique. Il est le seul d'entre eux qui ait conservé son indépendance. Environ 15,000 enfants fréquentent ses écoles ; sa littérature se développe rapidement, et récemment un parlement indigène a été constitué dans son sein. Depuis bien des années cette tribu, affermie par la présence et par l'influence de ses missionnaires, est demeurée fidèle à l'empire britannique, tandis que les Cafres et d'autres peuples du voisinage faisaient la guerre aux Anglais.

Khama enfin, le plus fameux — et à juste titre — de tous les chefs sud-africains, est demeuré attaché durant toute sa longue et honorable vie à la justice et aux principes chrétiens. Elle est remarquable l'histoire de ce chef qui avait été nommé, dans sa jeunesse, commandant des Bamangouatos, au nord du Béchuanaland, et qui joua un rôle en vue durant la période agitée de l'histoire de cette contrée, à partir de 1878, alors que le colonel Warren l'occupait militairement, jusqu'en 1885, moment où le pays fut pacifié ; Khama contribua largement à ce résultat. Dans sa jeunesse, il avait subi l'influence missionnaire et accepté le christianisme de tout son cœur. Il eut à lutter contre de grandes difficultés, en particulier contre les machinations de son père, un rusé vieillard, et de son demi-frère qui s'efforçaient de soulever ses partisans contre lui et de le déposséder de son autorité. Il opposa à tous leurs complots beaucoup de bon sens et une fermeté admirable, et ses sujets lui demeurèrent fidèles. Sa lettre à l'administrateur britannique, pour implorer son appui au plus fort des troubles en question, est un témoignage caractéristique rendu à l'influence de l'enseignement chrétien : « Je prie Sa Majesté de me défendre comme elle le fait pour tous ses enfants. Il y a trois choses qui m'affligent grandement : la guerre, l'esclavage et la boisson. »

c) Dans la lutte contre les misères sociales qu'engendre le paganisme, les missions jouent un rôle plus efficace qu'on ne le pense. Le gouvernement interdit, sans doute, les pratiques brutales, mais l'Evangile a atteint bien des régions que l'autorité civile avait à peine touchées. Longtemps avant l'établissement britannique au Calabar, les anciens missionnaires avaient amené certains chefs à abolir l'infanticide, le meurtre des mères et les sacrifices humains. Une des plus héroïques histoires de l'œuvre missionnaire est celle des efforts de miss Slessor. Pendant trente-trois ans, elle travailla dans la Nigéria australe où elle s'était habituée à vivre seule, parmi les indigènes dégradés et brutaux. Elle s'est toujours montrée la protectrice et la gardienne des petits enfants destinés à la mort, et à maintes reprises, elle a empêché les gens de tuer des jumeaux et leurs malheureuses mères.

Grâce à l'enseignement des écoles missionnaires, les incalculables horreurs qu'entraînent la croyance à la sorcellerie et les ordalies par le poison sont aussi peu à peu supprimées. Un missionnaire bien connu de l'auteur de ce livre a vu jadis, en dehors de la palissade d'un village du Nyassaland, une douzaine de cadavres provenant de l'emploi du poison, au cours d'une de ces épreuves judiciaires. Quelques années plus tard, il vit ces pratiques disparaître du district, parce que la conscience du peuple avait été éduquée.

La polygamie, — nous l'avons vu plus haut, — est une autre des malédictions de l'Afrique. Elle rend, en effet, la vie de famille impossible, et entraîne après elle la dégradation de la femme. Il y a des chefs qui ont jusqu'à deux ou trois cents femmes ! Les gouvernements n'essayent jamais de légiférer contre ce mal social, mais la voix de l'Evangile le dénonce avec force et, dans toute l'Afrique, il tend à disparaître plus ou moins rapidement. Au Nyassaland, des centaines d'unions polygames sont dissoutes, non par la force, mais grâce à la conscience nouvelle qui s'éveille. La vie de famille conquiert peu à peu ses droits par la seule influence des missions. Là où cette vie n'existe pas, — et elle n'existe pas dans le paganisme, — il ne peut y avoir ni pureté de mœurs, ni véritable éducation de la génération à venir.

L'Africain est éminemment sociable ; ses vertus domestiques sont latentes, et ne demandent qu'à être encouragées et développées. Les liens de la famille commencent déjà à posséder une valeur absolument inconnue de la génération précédente. Le sentiment de la responsabilité des parents et de l'honneur qui leur est dû, la tendre sollicitude pour les faibles et pour les malades, ainsi qu'un esprit d'amour chrétien et de dévouement, s'implantent partout où pénètre l'enseignement missionnaire. Les enfants sont élevés dans ces nouveaux principes, et il est permis d'espérer qu'un jour l'idéal des relations familiales et sociales sera réalisé, alors que chacun recherchera non plus seulement son propre intérêt, mais aussi celui d'autrui ; alors, « si un membre souffre, tous les autres souffriront avec lui. »

Les missions font apparaître encore beaucoup d'autres vertus sociales qui rendent la vie plus belle et plus sûre. et qui sont inséparables d'un vrai christianisme. L'honnêteté, chez des gens qui vivaient de vol et de pillage; la véracité. là où le mensonge n'était considéré comme une chose coupable que s'il était découvert ; la bonté. là où la cruauté régnait en maîtresse ; le soin des vieillards et des malades. là où ils étaient précédemment abandonnés aux bêtes sauvages ; la propreté, là où la saleté était générale ; la chasteté, là où des abominations se pratiquaient ouvertement ; la pratique de porter des vêtements. là où hommes et femmes étaient nus et n'en avaient point honte ; l'usage de bâtir de bonnes maisons, là où l'homme vivait dans des bicoques ou dans de sombres huttes ; l'amour du travail, là où personne ne travaillait sans y être contraint ; la prospérité et l'abondance, là où la misère et la famine revenaient aussi périodiquement que les saisons... tels sont quelques-uns des fruits sociaux que porte l'œuvre missionnaire. et que l'on trouve partout où l'Evangile du Christ a été proclamé.

III. — Nous arrivons maintenant à ce qui doit être regardé comme le résultat le plus important de l'œuvre missionnaire, à savoir la création d'une Eglise en Afrique. L'objectif principal des missions, le mobile essentiel de leur activité, bien que souvent ils n'en soit fait aucune mention dans les livres de voyages, dans les rapports des gouverneurs ou dans les simples conversations de fumoir, c'est qu'une Eglise soit créée là où prévalait naguère le paganisme. Tant que son travail n'a pas porté ce fruit-là, le missionnaire ne peut avoir que peu de joie, même s'il lui est donné de voir tout autour de lui de beaux villages surgir, et des populations acquérir une richesse toute nouvelle sous l'œil d'un gouvernement solidement établi.

C'est ici, en effet, qu'est la source de toutes les réformes individuelles, sociales et nationales. Partout où existe une Eglise qui est sanctifiée par l'Esprit de Dieu, il y a une lampe allumée devant laquelle la guerre, les cruautés sociales et l'immoralité sous toutes ses formes doivent se retirer, incapables qu'elles sont de supporter sa lumière. Souvent la présence, dans un village, d'un seul chrétien respecté a suffi pour faire cesser une danse impie; souvent le levain d'une congrégation chrétienne a supprimé le poison des ordalies et les orgies publiques du fétichisme.

Il n'y a pas longtemps, lors de l'élection d'un grand chef noir, comme un des conseillers se levait pour exécuter une danse guerrière destinée à pousser la tribu aux actes de pillage qui sont de règle lors d'un couronnement, la présence de deux ou trois chrétiens indigènes influents fit échouer piteusement la danse et les projets du conseiller. Dans des cas de ce genre, pas un mot — peut-être — ne fut prononcé : la seule présence d'un homme véritablement chrétien agit comme une conscience nouvelle et supprime les pratiques païennes.

Jésus-Christ, notre premier missionnaire, est venu pour proclamer l'Evangile. Lorsqu'il se fut acquitté de sa mission, il dit au Père : « Je t'ai glorifié sur la terre, j'ai accompli l'œuvre que tu m'as donnée à faire » ; de même, les missionnaires peuvent estimer qu'ils ont accompli la grande tâche pour laquelle ils ont été envoyés, lorsqu'ils voient autour d'eux un peuple dans lequel Dieu est glorifié.

a) Comment cette Eglise est-elle créée ? Par tout agent consacré à Dieu ! Ceux qui lisent le rapport annuel de tel ou tel hôpital missionnaire peuvent voir qu'année après année, un grand nombre de malades sont amenés à Christ par ce moyen. Ailleurs, c'est un charpentier de l'Afrique centrale dont, depuis dix ans, presque tous les ouvriers sont devenus chrétiens. Parmi les missionnaires qui ont envoyé des rapports à la Conférence universelle d'Edimbourg, beaucoup déclarent qu'un grand nombre des membres de leurs Eglises ont été amenés à Christ par l'école. L'activité médicale, le travail manuel, l'école, voilà donc quelques-uns des moyens dont Dieu s'est servi pour fonder l'Eglise. Et comment pourrions-nous compter toutes les âmes qui sont parvenues à la lumière grâce à des entretiens particuliers ou à la prédication de la Parole ?

L'ÉCOLE DES GRAND'MÈRES

b) Ceci nous amène à la grosse question des membres de l'Eglise. Dans toutes les Eglises africaines, il y a un intervalle considérable entre la profession de foi et l'admission à la sainte cène. Cet intervalle peut varier de six mois — comme c'est le cas, par exemple, chez les Baptistes du Congo — à deux ou trois ans au moins, comme l'exigent toutes les missions du Nyassaland, et d'autres encore. Aucun missionnaire de quelque expérience ne voudrait baptiser des hommes ou des femmes au moment où ils font profession de croire en Christ. L'émotion joue un rôle prépondérant chez l'Africain, et comme il a, d'autre part, des instincts éminemment sociaux, il peut aisément se laisser entraîner par un grand mouvement populaire. Il ne faudrait donc pas le laisser prendre des engagements dont il n'aurait pas compris toute la portée.

Lorsqu'un homme exprime, pour la première fois, le désir de suivre Christ, il peut être admis dans la classe des « auditeurs », où il passera peut-être toute une année, et recevra, de la bouche d'un instituteur indigène, une instruction religieuse élémentaire. Il subira alors un examen, à la suite duquel il pourra être reçu dans la classe des catéchumènes, si ses connaissances bibliques et sa conduite ont été jugées satisfaisantes. Cette admission est faite d'une façon solennelle, et le catéchumène proclame sa foi en Christ et son désir de le suivre. Il reste un ou deux ans dans cette deuxième classe et y suit un cours régulier d'instruction biblique et doctrinale donné par un évangéliste indigène ou par un missionnaire européen. Vient ensuite un second examen; s'il le passe avec succès, son nom est proposé aux membres ou aux anciens de l'Eglise. Ceux-ci, en effet, ont été les témoins de sa vie et de sa conduite durant son long noviciat, et ils le connaissent à fond, car rien ne demeure caché dans la vie d'un noir. Les parois de sa hutte ne sont pas assez épaisses pour dissimuler ce qui s'y passe, et l'Africain n'a pas l'habitude de parler à voix basse! Le jugement des chrétiens indigènes sur la conduite du candidat est donc habituellement très exact. Si le catéchumène est admis après cette inspection fraternelle, il reçoit le baptême[1]. Mais il y a certains vices publics qui doivent avoir été abandonnés durant ces années d'épreuve, en particulier tout culte des fétiches et toute pratique brutale. C'est une règle presque universelle dans toute l'Afrique païenne, qu'aucun polygame ne peut être admis comme membre de l'Eglise; une seule femme, celle qui est considérée comme la « vraie », doit être conservée. La plupart des missions refusent quiconque fréquente les danses païennes, et plusieurs exigent de tous leurs catéchumènes l'abstinence totale de bière indigène; c'est là une règle qui n'a pas été établie par les Européens,

[1] Cette façon de procéder n'est pas rigoureusement la même dans toutes les missions. (Note du trad.)

mais bien par l'Eglise indigène elle-même. A la vue des ravages causés par la boisson dans leur pays, et du danger qu'ils couraient parfois eux-mêmes de sortir des limites de la modération, les chrétiens indigènes ont reconnu que leur Eglise devait être purgée de ce mal.

Lorsqu'un candidat a été dûment examiné et admis, il reçoit le baptême et participe à tous les privilèges de l'Eglise chrétienne. Dans certaines missions, le baptême est administré de bonne heure, et une période d'instruction précède la confirmation et l'admission à la sainte cène. Souvent on exige des jeunes gens qu'ils sachent lire avant d'être reçus dans l'Eglise. Naturellement les circonstances varient suivant les contrées et entraînent des différences de procédés d'une mission à l'autre ; mais partout le principe est le même : n'admettre dans l'Eglise que ceux qui ont passé par un temps de préparation prolongé. La tâche du missionnaire est loin d'être terminée lorsque les néophytes ont été baptisés et solennellement reçus comme membres de l'Eglise ; il reste à les amener à la ressemblance avec Christ, et à développer l'Eglise elle-même dans la voie de l'autonomie. La tâche la plus ardue consiste à maintenir la discipline dans l'Eglise et à rendre sa conduite toujours plus pure, parce que ce qui importe le plus, ce n'est pas le nombre des baptisés, mais le degré de la vie de l'Esprit dans l'Eglise.

c) Nous ne pouvons pas fermer les yeux à l'évidence et ignorer qu'il y a des obstacles moraux aux véritables progrès chrétiens : le missionnaire en a la preuve chaque jour. Le plus grand de tous ces obstacles est l'absence du sentiment du péché. Le mal, en tant qu'offense envers Dieu, est inconnu : la seule crainte du mal est celle de ses conséquences pour celui qui le commet. Ce n'est que peu à peu, et non sans reculs douloureux, que la conscience se forme à l'école de l'Evangile. En voici quelques exemples :

Une mission de la côte occidentale, qui n'avait que six membres communiants en 1816, en comptait 4500 en 1872, et les indigènes donnaient vingt-cinq mille francs pour l'Eglise. Pourtant, même à cette époque de progrès, « les membres n'étaient pas tous des convertis ». On trouvait encore chez eux beaucoup de sensualité et de sotte vanité, et par suite, du dédain pour tout travail pénible ; il y avait, parmi eux, surabondance de commis et de boutiquiers, tandis que les métiers manuels et l'agriculture étaient négligés. Il n'y a pas, dans toute l'Afrique, une Eglise qui ait fait de plus remarquables progrès que celle de l'Ouganda, et cependant, dans son dernier rapport annuel, un missionnaire se plaint de l'immoralité grandissante et de la croissante indifférence à l'égard du devoir chrétien, ainsi que du peu de compréhension dont les candidats à la confirmation ou au baptême font preuve à l'égard des vérités fondamentales de la foi.

Les statistiques sont souvent une source de déception, et plus d'un jeune missionnaire qui s'était fait, — uniquement d'après les chiffres, — des idées grandioses, a reçu un rude choc lorsqu'il s'est trouvé face à face avec la réalité brutale des faits ! Les convertis indigènes ne sont pas des anges, mais bien des créatures humaines qui, il n'y a que quelques années peut-être, étaient souillées de vices et de superstitions. Quoi de surprenant s'il leur reste quelques taches de leur passé ?

En face de ce tableau quelque peu pessimiste, nous devons relever d'autre part deux faits importants. Tout d'abord, la preuve a été faite maintes fois, en Afrique, que la révélation de Dieu en Christ crée dans les cœurs ce sentiment du péché qui y fait si souvent défaut, et avec lui le désir de pureté. Le degré de moralité est en proportion de la connaissance du Christ. De grands réveils religieux ont été produits simplement par la prédication évangélique ; des vies ont été transformées ; l'honnêteté, la chasteté et la paix ont remplacé le pillage, l'impureté et les querelles ; des hommes d'une paresse notoire sont devenus des travailleurs connus pour leur énergie.

Ici encore, en appréciant la vie chrétienne du converti, il est nécessaire de la comparer à celle de son voisin païen, et non pas à celle de tel chrétien européen, qui a reçu une bonne éducation, et qui a derrière lui des siècles de vie chrétienne.

Nombreux sont les chrétiens africains dont la vie est semblable à une lampe allumée, et dont la fidélité et l'esprit de consécration sont la preuve quotidienne que l'Esprit de Dieu habite en eux.

d) L'un des meilleurs moyens d'éprouver la sincérité de la foi chrétienne est d'observer comment elle endure la persécution. L'Eglise africaine n'a pas eu à subir des persécutions aussi violentes que telle ou telle autre Eglise ; néanmoins elle n'a pas été épargnée complètement, tant s'en faut ! Ainsi la grande persécution de Madagascar, qui dura un quart de siècle, loin de faire diminuer le nombre des chrétiens, le décupla.

En 1875, une violente persécution éclata à Bonny. Elle fut provoquée par les prêtres des jujus qu'alarmait le grand nombre des baptêmes chrétiens. Un converti, qui persistait à aller à l'église et qui refusait de manger de la viande sacrifiée aux idoles, fut jeté dans le fleuve ; on en laissa un autre mourir de faim. Deux autres furent enchaînés et abandonnés dans la brousse pendant toute une année, jusqu'au moment où un commerçant anglais obtint leur libération. Ce fut l'un de ces martyrs qui répondit aux instances des prêtres païens : « Jésus a mis à mon cœur un cadenas dont il a emporté la clef au ciel. »

La grande persécution de l'Ouganda eut lieu en 1885 ; beaucoup de chrétiens furent torturés, quelques-uns brûlés vifs, et l'un d'eux — membre du Conseil de l'Eglise — mourut en exhortant ses persécuteurs à croire en Jésus-Christ. Beaucoup d'autres donnèrent leur vie pour l'Evangile, et de ce nombre plusieurs n'étaient pas encore baptisés, ou même étaient à peine comptés comme chrétiens. Un pareil héroïsme prouve incontestablement la réalité de la foi de ces convertis, quelque faible et incomplète que leur vie chrétienne ait pu être à d'autres égards.

Il est une autre forme de persécution, non seulement plus commune, mais plus amère aussi. Dans certains villages, les chrétiens sont pour ainsi dire frappés d'ostracisme. On les accuse de malveillance et même de sorcellerie, et ils sont exposés à de continuelles tentations ; cependant, beaucoup les ont subies triomphalement, et plusieurs ont eu la joie suprême de voir leurs persécuteurs devenir croyants.

e) Le christianisme développe aussi chez les chrétiens noirs la libéralité, et celle-ci revêt des formes très variées. Dans la plupart des tribus africaines, — surtout là où la civilisation n'a pas encore trop fait sentir son action, — l'indigène est pauvre en numéraire, mais riche en temps. Il ne peut pas donner de l'argent, mais il peut travailler, et c'est là sa première forme de libéralité. Il fera de l'évangélisation, bâtira des églises et des écoles, portera des produits au marché, fera l'office de messager au service de celui qui l'a instruit ; il fraiera des chemins à travers la brousse, et, — en s'acquittant ainsi à titre gratuit de nombreux petits travaux. — il contribuera à l'autonomie de l'Eglise indigène. Viendra ensuite une contribution sous forme de produits du sol et d'autres objets pouvant se vendre au marché. Presqu'aucune tribu païenne, en Afrique, n'avait primitivement sa monnaie. Dans l'Ouganda, les coquillages avaient été introduits, mais dans la plupart des autres pays, les principaux articles d'échange étaient des baguettes de laiton, des perles de verre ou du calicot. Lors donc que l'Eglise institua des collectes, la variété et le volume des dons furent à la fois effrayants et étonnants ! Aux jours de grandes réunions, quand les fidèles donnent de tout leur cœur, — que ce soit à la côte occidentale ou dans le Nyassaland britannique, — la porte de l'église est obstruée de présents consistant en aliments, bétail, articles d'échange, colifichets et ornements, toute la richesse primitive d'un peuple primitif. Avec les progrès de la civilisation et l'établissement des gouvernements européens, l'usage de la monnaie se répand de plus en plus : les dons des chrétiens prennent alors une forme moins pittoresque.

Il y a des missions qui habillent, nourrissent et instruisent gratuitement leurs élèves, bâtissent des églises pour leurs membres, et paient le salaire des évangélistes et autres auxiliaires indigènes. De nos jours, cependant, la plupart des missionnaires reconnaissent qu'un tel système crée des communautés pauvres et sans vigueur. Il est toujours dur de devoir demander aux gens de payer pour ce qu'ils ont reçu gratuitement pendant longtemps, et les premières tentatives peuvent paraître compromettre l'œuvre missionnaire. cependant on s'aperçoit ensuite que les fondations ainsi posées sont plus solides.

Lorsque le Dr Stewart proposa pour la première fois, en 1870, que tous les élèves de Lovedale payassent une finance, il sembla que l'institution allait se vider. Enfin, après deux jours de pourparlers, un homme se leva et offrit de payer cent francs pour l'instruction que son fils recevrait ; d'autres ne tardèrent pas à l'imiter et, dès la première année, les écolages se montèrent à 5000 fr. Quatre ans plus tard, on recevait 32,500 fr. et, en 1908, plus de 125,000 fr.

Trois ans après que l'on eût tenté cette expérience à Lovedale, les Fingos, qui demeuraient de l'autre côté de la rivière Kei, encouragés par leur magistrat et par leur missionnaire, conçurent à leur tour l'ambition d'avoir une institution analogue pour eux. Ils demandèrent au Dr Stewart de les aider, et celui-ci leur promit de le faire s'ils réuuissaient une somme de 25,000 fr., comme preuve de la sincérité de leur désir. Au bout de quatre ou cinq mois, le Dr Stewart fut appelé pour recevoir l'argent et, à son arrivée, il vit une table dressée en plein air sur laquelle se trouvait une somme de 36,250 fr., souscrite par les Fingos eux-mêmes. Lorsque les bâtiments s'élevèrent, les gens ambitionnèrent une institution plus grande, et ils collectèrent de nouveau une somme d'environ 37,500 fr. C'est ainsi qu'un premier effort donna naissance à une offrande qui devient chaque année plus considérable.

L'Ouganda nous fournit un exemple très frappant de l'autonomie financière qui peut être atteinte lorsqu'on y tend dès le début, et qu'on a soin de diriger l'œuvre d'après des principes plus africains qu'européens. Dans ce pays, c'est l'Eglise indigène qui supporte tous les frais de l'œuvre scolaire et ecclésiastique ; les salaires sont très faibles, néanmoins l'œuvre se poursuit et a déjà porté des fruits excellents.

f) Si nous considérons maintenant l'œuvre de propagande accomplie par l'Eglise, nous constatons que le noir s'y distingue tout particulièrement. Partout, la grande extension de l'Eglise indigène résulte moins de l'œuvre d'évangélisation faite par l'Européen que de celle accomplie par l'évangéliste indigène.

Un jour un missionnaire, au service d'une œuvre assez peu organisée de l'Afrique centrale, me disait, comme il rentrait de l'école du soir : « Pourquoi perdez-vous votre temps à enseigner les rudiments à cette poignée d'élèves ? Sur ma station, nous n'avons qu'à nous mettre debout sur la véranda pour avoir toute une congrégation. Nous passons notre temps à évangéliser les païens ». Le lendemain nous sortîmes faire un tour ensemble. Comme nous approchions d'un village, assez éloigné de la station, nous trouvâmes une congrégation assemblée et un noir qui prêchait. Le matin suivant nous fûmes réveillés par le son d'un cor appelant les gens au culte public, et avant que mon ami fut hors de son lit, il entendit le son d'un cantique, puis la voix d'un chrétien indigène qui lisait l'Evangile. Je lui dis alors : « Dans une centaine de villages, le même Évangile est proclamé ce matin par des prédicateurs indigènes, tandis que nous sommes ici. Voilà pourquoi j'enseigne à l'école. » — « Et dans mes villages — répliqua-t-il avec franchise — il n'y a personne pour prêcher, parce que je suis ici ! ».

Quelques-uns des plus grands progrès que l'histoire de l'évangélisation en Afrique a pu enregistrer ont été réalisés grâce à l'énergie de l'Eglise indigène. La mission du Calabar a été fondée par les esclaves libérés de la Jamaïque : les missions du Yorouba et du Niger furent organisées par l'Eglise indigène de Sierra Leone, qui ne se borna pas à placer les missionnaires noirs sous les ordres d'un évêque africain, mais qui supporta presque tous les frais de l'œuvre. L'Eglise du Lessouto entreprit sa fameuse mission chez les Ba-Rotsi, sous la direction de M. Coillard. Dans l'Ouganda, l'évangélisation des royaumes voisins a été faite par les soins de l'Eglise indigène, qui envoya ses propres instituteurs et paya leurs salaires. Dans la Livingstonia, chaque station a entrepris dans *l'hinterland* une mission qui est poursuivie par des instituteurs noirs, et pour laquelle l'Eglise indigène fournit un subside chaque année. Ce mode d'extension est des plus efficaces ; des Eglises ont pu ainsi être organisées, le paganisme a été battu en brèche dans des provinces entières, et les peuples évangélisés de cette façon sont devenus à leur tour les évangélistes de leurs voisins.

Ce ne sont pas seulement des évangélistes salariés qui accomplissent ce travail ; dans la plupart des Eglises vivantes, il y a un grand nombre d'agents bénévoles. A la Côte de Calabar, il est rare qu'on ne trouve pas dans chaque district une maison qui puisse servir de lieu de réunion, et bien qu'aucun évangéliste salarié n'y ait été placé, un homme de bonne volonté se charge de présider régulièrement un service le dimanche. Au Nyassaland, des centaines de prédicateurs non rétribués tiennent des cultes chaque dimanche dans de petites chapelles de village ou en plein air. C'est grâce surtout à ces bonnes volontés que l'Eglise s'est pareillement développée sur terre africaine, et que la vie chrétienne s'y maintient dans toute sa vigueur.

L'un des chrétiens les plus remarquables que l'Afrique ait vus durant le siècle dernier fut l'évêque Samuel Crowther. Vendu comme esclave, il fut libéré par un croiseur anglais et débarqué à Sierra Leone. Là d'abord, puis ensuite en Grande-Bretagne, il reçut une éducation soignée, et fit preuve de capacités exceptionnelles. Chargé de commencer l'œuvre missionnaire au Niger, il déploya beaucoup de zèle et de bon sens en maintes occasions. Il obtint des concessions de la part de chefs musulmans qui paraissaient nourrir des sentiments hostiles à l'égard des Européens. Il savait exactement ce qu'il fallait dire au moment critique, et comment trouver le moyen d'aborder ses adversaires. Plus il avançait en âge, plus il brûlait de zèle pour la conversion de l'Afrique, et à sa mort il laissait un nom qui sera honoré à toujours dans les annales de l'Eglise africaine.

L'expérience tend pourtant à prouver que l'activité du noir, comme évangéliste, est beaucoup plus efficace quand il est guidé et contrôlé. Le moment n'est pas encore venu, où son équilibre mental et son caractère religieux seront mûrs pour une responsabilité complètement indépendante ; tout ce que l'on peut faire actuellement c'est de laisser plein essor à son zèle et à son énergie. Il va sans dire que, comme dans toutes les sociétés où se mêlent des éléments humains et divins, il y a de douloureux mécomptes, et cela est vrai de la jeune Eglise africaine, même là où son développement semble le plus plein de promesses. Les grandes vérités chrétiennes risquent parfois d'être présentées de façon erronée par les évangélistes noirs à cause de leur instruction trop incomplète ; ou bien ils n'insistent pas suffisamment sur l'importance des devoirs essentiels du christianisme, tels que la tempérance, la véracité et le travail. Il y a même souvent, pour l'évangéliste indigène, le danger de chutes morales, car les vieux penchants demeurent puissants chez lui, et les tentations sont multiples.

Néanmoins, partout l'Eglise est en croissance, d'une façon souvent imperceptible mais sûre. De nouvelles communautés sont fondées, et d'anciennes fondations sont affermies. Nous avons mentionné la moisson remarquable de l'Ouganda, et bien qu'il faille éviter ici de citer telle ou telle société particulière, il nous sera pourtant permis de donner un exemple. Dans l'Afrique sud-orientale et occidentale, la Société missionnaire wesleyenne méthodiste mentionne dans ses rapports plus de 2,600 prédicateurs locaux. Leurs missions de l'Afrique occidentale coûtent environ 250,000 fr., à la société-mère, et les contributions des indigènes s'élèvent à près de 900,000 fr. Une Eglise de la côte a installé la lumière électrique à ses propres frais, ce qui est une source de grande et d'innocente joie pour la congrégation !

Nous en venons maintenant à une constatation de la plus haute importance, à savoir celle de l'urgent besoin pour l'évangéliste africain de recevoir une préparation efficace. Toute l'œuvre ecclésiastique et scolaire du missionnaire doit aboutir à la formation d'un pastorat indigène. Il y a habituellement des cours d'instruction élémentaire en matière biblique et doctrinale à l'usage des simples évangélistes. mais très peu de missions ont organisé un enseignement vraiment systématique.

Il existe. naturellement, bien des différences entre les diverses sociétés au sujet de la formation du pastorat indigène ; toutes n'ont pas la même politique ecclésiastique. mais il est un principe de prudence qui devrait toujours les guider, les unes et les autres, c'est qu'il ne faut jamais accorder la consécration avec hâte à personne. Une connaissance approfondie du candidat est plus essentielle encore en Afrique qu'en Europe ; quant à la durée de la préparation théologique nécessaire elle varie autant sur l'un des continents que sur l'autre ! On est cependant unanimement d'accord sur un point capital, à savoir que si l'on tient à fonder en Afrique une véritable Eglise chrétienne, solide et durable, il ne faut s'épargner aucune peine pour former un corps pastoral sérieux, zélé et bien uni. Ceux qui seront plus tard à la tête de l'Eglise doivent être parfaitement équipés et qualifiés, en vue des responsabilités redoutables qui leur incomberont. Pour les uns, le but peut sembler encore lointain ; mais tous tendent vers le jour où l'Eglise d'Afrique sera conduite par ses propres pasteurs, et où le paganisme environnant sera tout pénétré par l'Evangile proclamé par des évangélistes africains.

IV. — Nous avons considéré sous toutes ses faces la question qui nous était posée : l'Afrique subit-elle un changement réel et y a-t-il quelque espoir de voir les efforts de l'œuvre missionnaire aboutir à la création d'une Afrique chrétienne ? Malgré ce qu'elle a eu forcément d'incomplet, notre étude nous a appris quelque chose touchant les activités multiples et les résultats si variés des missions. L'influence du missionnaire, comme pionnier, pacificateur, agent civilisateur et moral, enfin — et surtout — comme messager de Christ, s'exerce jusque dans les régions les plus perdues du continent, et pénètre graduellement sa vie toute entière. « D'abord la semence, ensuite le blé ! » Pour le moment ce n'est encore que le temps des semailles, mais « sous la terre le grain a germé, l'herbe pousse ». Il reste encore, sans doute, un travail considérable à accomplir avant de pouvoir compter sur la moisson, mais dans chacun des résultats que nous constatons, — tant au point de vue social que religieux, — ne pouvons-nous pas déjà entrevoir les possibilités infinies d'une Afrique chrétienne, si pour elle tous les membres de l'Eglise du Christ unissent et multiplient leurs efforts ?

DEUX PIONNIERS : MM. F. COILLARD, DE LA MISSION DE PARIS, ET E. CREUX, DE LA MISSION ROMANDE.

CHAPITRE VII

LES BESOINS DE L'AFRIQUE PAÏENNE.

Sommaire.

I. — Etat actuel de l'œuvre missionnaire.

a) Afrique occidentale espagnole.
b) Afrique occidentale française.
c) Afrique occidentale anglaise.
d) Afrique occidentale allemande.
e) Libéria.
f) Le Congo.
g) Angola portugais.
h) Afrique australe.
i) Madagascar.
j) Afrique orientale portugaise.
k) Afrique orientale allemande.
l) Afrique orientale anglaise.
m) Le Soudan.
n) Résumé.

II. — Obstacles et difficultés.

a) Obstacles provenant de la topographie et du climat.
b) Opposition des tribus.
c) Dispersion de la population.
d) Langage.
e) Ethiopisme.

III. — Gravité de l'heure présente.

a) La population.
b) Les progrès de l'islam.
c) Les progrès de la civilisation.

IV. — Conclusion.

CHAPITRE VII

LES BESOINS DE L'AFRIQUE PAÏENNE.

I. — Un rapide coup d'œil, jeté sur toutes les sociétés missionnaires qui sont à l'œuvre en Afrique et sur leur nombreux personnel, pourrait faire croire que le continent est occupé par une armée missionnaire suffisante. Mais un examen attentif ne tardera pas à nous convaincre que de nombreuses tribus n'ont jamais été atteintes par l'Eglise chrétienne, et que sur la plupart des points occupés les forces à l'œuvre sont terriblement faibles.

a) En partant du nord-ouest, nous avons le Protectorat espagnol de Rio de Oro, avec une population de peut-être 400,000 âmes, et là il n'y a point de missions chrétiennes. L'île de Fernando-Po fut occupée en 1840 par la Société missionnaire baptiste, mais au bout de quelques années les missionnaires catholiques romains vinrent, et les protestants furent chassés de l'île. Depuis 1870, les

Méthodistes primitifs y ont une modeste mission qui a remporté quelques succès. A part cette occupation de Fernando-Po, l'Afrique espagnole est sans un seul missionnaire.

b) Vient ensuite une grande étendue du continent qui appartient à la France. Cette énorme tranche est égale à trois fois la France, et a une population de plus de neuf millions ; elle comprend les anciens établissements du Sénégal, les mystérieuses régions du Haut-Niger et le grand territoire du Soudan. Jusqu'à présent la Mission de Paris y est presque seule à l'œuvre, à Saint-Louis et dans les environs.

c) Dans la Gambie nord-occidentale, protectorat britannique avec une population de 91,000 habitants, il n'y a qu'une petite mission avec deux Européens ; les indigènes y sont en partie païens, en partie mahométans. Plus au sud, à Sierra-Leone, des chrétiens travaillent depuis un siècle ; ce n'est que récemment, cependant, que des tentatives ont été faites pour atteindre les tribus païennes de l'intérieur.

A la Côte d'Or, les Wesleyens et la Mission de Bâle évangélisent les deux millions d'indigènes du pays ; mais avant de pouvoir occuper leur champ de manière complète, leur personnel devra être doublé. La prédication de l'Evangile par la Mission de Bâle a été couronnée d'un succès aussi éclatant qu'à Sierra-Leone. Les 25,000 chrétiens groupés en belles communautés à la Côte d'Or, sont un puissant encouragement pour toutes les missions dans l'Afrique occidentale.

A Lagos, et dans la contrée du Yorouba — qui fait actuellement partie de la Nigéria australe, — un bon nombre de sociétés missionnaires sont à l'œuvre, mais tout le district qui s'étend à l'est du Yorouba, jusqu'à la rive occidentale du Niger, est absolument privé de l'Evangile.

Dans la Nigéria septentrionale, les populations sont en grande majorité mahométanes, bien qu'elles fussent entièrement païennes il n'y a que quelques années. D'importantes tribus ont cependant repoussé jusqu'à présent l'islamisme, par exemple celle des Adamawas qui habitent dans la partie élevée du pays, au sud du Bénoué. Ils ont l'habitude de descendre de leurs hauteurs pour piller les caravanes hausas et pour défier les mahométans. Le long de la rive méridionnale du Bénoué, il y a plusieurs tribus païennes, parmi lesquelles aucun travail missionnaire n'a encore été entrepris.

Les missions qui existent sur le Bas-Niger et sur la Cross River s'en sont, jusqu'à présent, tenues presque exclusivement à la côte et aux rives des fleuves, sans atteindre d'une façon quelque peu effective les tribus de l'intérieur. Entre la Cross River et le Bénoué il n'y a pas de missions. Le delta du Niger est couvert de marais et de forêts impénétrables, coupées de cours d'eau et de criques, sur les bords desquels vivent de nombreuses tribus païennes aux mœurs sanguinaires :

ni missionnaires, ni marchands ne s'y sont encore établis, et les indigènes n'ont subi aucune influence civilisatrice quelconque. L'histoire de cette région n'est faite que de révoltes et d'insurrections perpétuelles, et après quarante ans de relations avec les Européens, c'est à peine si l'on peut remarquer un léger progrès dans un rayon de quinze kilomètres à partir du fleuve.

d) La colonie allemande du Togo a une population d'un million d'âmes. La Société missionnaire de l'Allemagne du Nord y travaille énergiquement, mais c'est à peine si la station la plus septentrionale atteint le centre de la colonie; quant aux deux provinces du nord, elles ne sont pas encore évangélisées. Elles sont occupées par les Dagombas, les Kakombas, etc.; les premiers, qui comptent environ 300.000 âmes, habitent en partie sur le territoire allemand et en partie à la Côte d'Or. La mission de Bâle, après avoir fait faire plusieurs voyages d'exploration parmi eux, s'est décidée, en 1911, à y commencer une œuvre spéciale. Elle y a envoyé trois missionnaires qui ont pour tâche de s'établir au milieu des mahométans.

Dans le Caméroun allemand, il y a une population de quatre millions d'habitants; la Mission de Bâle et les Presbytériens américains y sont à l'œuvre. Le gouvernement se montre favorable et encourage les efforts des missions en matière scolaire. La Mission de Bâle a réussi à grouper plus de 11,000 élèves dans ses écoles. Ses nouvelles stations de Bali et Fumban sont une courageuse tentative de pénétrer vers l'intérieur mahométan. Mais là encore, d'une manière générale, l'influence chrétienne n'a guère dépassé la ligne de la côte, et les sept huitièmes du pays demeurent hors d'atteinte.

e) L'Etat libre de Libéria est censé chrétien. Les nègres immigrés, esclaves libérés d'Amérique, font profession de christianisme, mais ce sont des chrétiens un peu attiédis ! Quant à la grande majorité des deux millions d'indigènes proprement dits, ils n'ont pas encore été atteints par les missions.

f) Le Congo français est un territoire égal à deux fois et demie la France, et sa population est d'environ douze millions. Dans cette vaste région, il n'y a que quatre stations de la Société de Paris. Elles sont situées sur la partie navigable de l'Ogôoué, et y accomplissent une belle œuvre spirituelle, avec d'importantes branches scolaire et industrielle ; il y a dix ans, on y comptait 1600 membres de l'Eglise. Quant au vaste territoire, qui s'étend entre l'Ogôoué et le Congo, il n'a pas un seul missionnaire. Au nord de l'Ogôoué sont les Fans (ou Pahouins), un peuple cannibale dont les incursions sauvages, de l'est à l'ouest, bouleversaient jadis les nations et répandaient partout la terreur. La Bible entière a été traduite dans leur langue, mais malheureusement cette importante tribu, qui — si elle était à Christ — constituerait un solide rempart contre l'approche de l'islam, est encore en une grande mesure en dehors de l'atteinte des missions chrétiennes. Les missionnaires du Congo français estiment que pour faire une avance efficace, à partir de l'Ogôoué, il faudrait 180 nouveaux missionnaires européens, et qu'un nombre égal serait nécessaire pour avancer, si l'on prenait comme base le Congo.

Le Congo belge est une vaste région de plus de deux millions de kilomètres carrés. Sa population était estimée jadis à trente millions d'âmes, mais les massacres, la dispersion et la famine qui suivirent l'oppression du gouvernement l'ont beaucoup diminuée. Les Baptistes furent les premiers missionnaires protestants du pays ; vinrent ensuite la Mission suédoise, les Presbytériens américains, la Société dite « Congo Balolos » et d'autres encore; mais presque toute leur activité se déploie le long des rives des fleuves, et il n'y pas de missions au-delà des Chutes de Stanley. Le grand affluent, le Kasaï, n'a que deux ou trois stations, et l'Ubanghi est entièrement inoccupé.

Plusieurs des tribus du Congo sont anthropophages, et le niveau moral de la plupart d'entre elles est fort bas, bien qu'elles fassent souvent preuve de réels dons artistiques ; les unes seraient prêtes à recevoir des missionnaires, mais d'autres sont absolument opposées à leur présence. L'impression produite par l'Europe sur ces grandes régions a été celle d'une cupidité effrénée à l'égard des produits du sol, d'un souverain mépris des droits indigènes et d'une promptitude honteuse à répandre le sang. Le message de paix de l'Evangile n'a été entendu que sur quelques points isolés. Ces dernières années, des obstacles considérables ont été placés sur le chemin des sociétés missionnaires protestantes, des emplacements leur ont été refusés, et leurs représentants ont connu la persécution; ils ont porté les conséquences de leurs courageuses révélations des atrocités commises par l'administration. Il semble aujourd'hui que des temps meilleurs vont commencer, et que les messagers de l'Evangile se trouveront en présence de conditions plus favorables.

g) L'Angola portugais s'étend sur une superficie de plus d'un million de kilomètres carrés, avec une population disséminée de peut-être sept millions d'habitants. Il y a trois et quatre cents ans on y voyait, dans plusieurs centres, de florissantes missions catholiques, mais elles ont disparu, et il ne reste plus grand'chose de leur travail. L'intérieur du pays devint un vaste territoire de chasse aux esclaves, et le port de Loanda fut le grand marché de la traite. Aujourd'hui cette province est à peine relevée de la dégradation qu'elle subit en ces temps d'oppression.

Il y a des missions dans les districts de San Salvador et de Loanda, à Benguela et au Bihé, ainsi qu'à des intervalles très espacés entre cette dernière localité et Mweru[1]. Mais ce ne sont que des points isolés, et plusieurs des tribus qui se trouvent entre ces diverses stations sont encore inoccupées. Entre temps des forces opposées se rassemblent : de grandes distilleries de rhum ont été installées et répandent leur malédiction sur la province entière ; en outre, une certaine opposition se manifeste contre les missions protestantes à cause de leur attitude dans la question de l'esclavage.

h) C'est dans l'Afrique australe que nous trouvons à l'œuvre les société les plus nombreuses, les plus anciennes et les mieux outillées ; mais la tâche qu'elles ont à accomplir est plus considérable que jamais. En effet, grâce à l'augmentation rapide de la population, grâce aussi au manque d'action agressive de la part de beaucoup d'Eglises, il y a probablement plus de païens, aujourd'hui, au sud de l'Afrique, qu'il n'y en avait il y a cent ans. Sur une population de plus de cinq millions de noirs et de métis, on ne compte encore que 150,000 communiants.

i) Passons maintenant à la grande île de Madagascar, qui fut le théâtre du mouvement chrétien le plus remarquable du siècle dernier. Les parties les plus élevées du pays ont eu de nombreuses

[1] Mentionnons ici la « Mission philafricaine » fondée en 1897 par un Suisse, M. Héli Châtelain. Elle ne compte actuellement qu'une station, Lincoln, dans la province de Benguela, et n'a jusqu'à présent à son service que des artisans missionnaires.

occasions d'entendre l'Evangile, il n'en demeure pas moins — chose étonnante — qu'après toutes ces années de progrès triomphants, trois quarts de l'île sont encore non-évangélisés.

Dans les neuf provinces septentrionales, avec une population d'un demi million, il n'y a que deux missionnaires européens. Une des provinces du sud n'a aucun évangéliste, européen ou indigène. Outre ces parties inoccupées de l'île, il faut encore tenir compte de la grande insuffisance numérique du personnel actuel, pour l'œuvre qui lui incombe de guider et de consolider l'Eglise indigène. En outre, l'activité des catholiques et la forte opposition du précédent gouverneur à la religion sous toutes ses formes ont beaucoup nui à l'œuvre missionnaire.

j) Dans l'Afrique orientale portugaise, nous trouvons un champ immense presque sans missionnaires. A la Baie de Delagoa, à Béira et dans la contrée d'Inhambane, il y a un certain nombre de stations, mais à l'intérieur, au sud du Zambèze, il n'y en a aucune, et — à part une petite œuvre sur les bords du lac Nyassa, — la partie septentrionale du Mozambique est entièrement inoccupée. Là le mahométisme fait de rapides progrès parmi les Yao, mais d'autres grandes tribus, telles que les Angourous à la frontière du territoire britannique, sont complètement païennes, et présentent un type très dégradé. La Mission romande, à la Baie de Delagoa, a prouvé qu'il est possible de vivre en bonne harmonie avec le gouvernement portugais, et même d'obtenir sa collaboration bienveillante.

k) L'Afrique orientale allemande est un vaste territoire, égal à près de trois fois la superficie de l'empire allemand. Des missions y occupent une position stratégique, en vue de la conquête future du pays, mais jusqu'à présent elles n'atteignent que de petites portions de la population. D'autres forces s'étendent rapidement dans tous les coins du pays : agents de l'administration, entreprises commerciales, ainsi qu'une propagande active de la part des musulmans, en sorte que les troupes chrétiennes sont absolument insuffisantes pour l'évangélisation rapide de cette colonie. Les régions populeuses au sud et à l'ouest du lac Victoria Nyanza pourraient fournir du travail à deux cents nouveaux missionnaires européens.

l) Dans l'Afrique orientale britannique, nous sommes en présence d'une contrée cinq fois aussi grande que l'Angleterre et le Pays de Galles, avec une population d'environ neuf millions. Là, huit sociétés missionnaires sont à l'œuvre, animées d'un excellent esprit d'entente, mais elles sont loin d'atteindre toute la population païenne. Dans le protectorat, connu sous le nom d'Afrique orientale britannique. les trois quarts du territoire sont encore sans missionnaires, bien que près d'un siècle se soit écoulé depuis que Krapf conçut, à Mombasa, ses plans ambitieux pour l'évangélisation de l'Afrique centrale. Dans l'Ouganda, en dépit de la grande extension que l'Eglise y a prise, la moitié de la population est encore non-évangélisée, et l'évêque Tucker estime qu'il y faudrait encore cent missionnaires européens et trois mille évangélistes indigènes.

m) Nous arrivons finalement au Soudan, qui s'étend du Nil au Niger. C'est à peine s'il y a une seule mission dans cette vaste région qui est en partie sous la protection anglaise, en partie sous la protection française. Nous y trouvons pourtant de grandes tribus, établies dans des pays d'une étendue égale à celle de plusieurs des grands Etats de l'Europe, en pleine crise de croissance, et en lutte avec un islamisme envahissant, aux empiétements duquel l'Eglise chrétienne n'a point encore opposé de résistance.

Le Soudan anglo-égyptien couvre une superficie de près de deux millions et demi de kilomètres carrés, et le mahométisme y étend déjà son influence avec une grande rapidité, et d'une façon souvent très sanguinaire. Sir Reginald Wingate estime qu'avant l'établissement de la puissance du Mahdi, il y avait dans le pays une population de huit millions et demi d'habitants ; trois millions et demi ont été balayés par la famine et par les maladies, et trois millions et quart ont péri dans des combats avec les troupes anglaises et égyptiennes, ainsi que dans des guerres entre tribus, dont plusieurs ont été à peu près anéanties. Jusqu'à présent le travail missionnaire a été interdit parmi les populations musulmanes, mais les tribus païennes sont ouvertes aux messagers du Christ. La Société missionnaire de l'Eglise anglicane a entrepris une œuvre chez les Dinkhas, une intéressante race nilotique, qui vit dans la dégradation sociale la plus profonde.

A la Conférence d'Edimburg, le Dr Karl Kumm a mentionné le nom de vingt-six tribus qu'il a visitées dans le Soudan central, et qui sont encore privées de l'Evangile. Dans les parties septentrionales du pays, l'islam a triomphé; mais les tribus païennes, chassées de leurs riches vallées, ont cherché un refuge dans les régions montagneuses, dans le Sudd et dans une partie de la vallée du Shari, où elles conservent leur indépendance. Maintenant que les gouvernements européens suppriment les guerres et le commerce des esclaves, la conquête musulmane se poursuit par d'autres moyens (prestige d'une race supérieure, éducation plus développée, etc.). Si l'Eglise chrétienne veut empêcher les tribus indigènes de tomber dans le fanatisme musulman, et d'opposer ainsi au christianisme une barrière plus impénétrable encore — tout en constituant une menace perpétuelle pour la paix de l'Afrique. — il faut qu'elle se réveille sans tarder.

n) La rapide esquisse que nous venons de tracer suffit à montrer dans quelles vastes étendues de l'Afrique le paganisme règne encore en maître, sans

TRAVAIL INDIGÈNE A L'ÉCOLE D'ELIM (Transvaal).

que le moindre rayon d'espérance chrétienne vienne percer ses ténèbres. Des millions de noirs, en proie à d'effroyables superstitions, adressent encore au christianisme leur appel pressant quoique muet. Ces chiffres donnent le vertige à notre imagination! On a calculé qu'il y a en tout un minimum de 70 millions de païens africains qui n'ont jamais entendu le nom de Jésus-Christ, et si nous tenons compte, en outre, de l'insuffisance de l'occupation dans les régions où l'on est déjà courageusement à l'œuvre, la tâche qui incombe à l'Eglise chrétienne nous apparaît tout aussi effrayante qu'impérieuse. « Les drapeaux des nations chrétiennes flottent sur le continent presque tout entier, — a-t-on pu dire, — mais il y a de vastes domaines où l'on n'a pas établi une seule station missionnaire. Les régions non-atteintes de l'Afrique sont un appel pressant adressé à l'Eglise. »

II. — Qu'est-ce qui empêche l'extension rapide du Royaume de Christ en Afrique? Notre époque a vu tomber maintes barrières insurmontables, mais en dépit de tous les préparatifs qui ont été faits, il reste encore une vaste tâche à accomplir. Personne, ayant la moindre expérience des questions missionnaires en Afrique, ne pourrait nier les nombreuses et graves difficultés que l'on y rencontre. Des obstacles variés, dont les uns sont très sérieux, vous barrent la route à chaque instant et exigent, pour être vaincus, des qualités de véritable homme d'Etat. Il est évident que ce n'est pas là l'œuvre d'un seul jour, ni même d'une seule vie. mais la foi qui peut soulever des montagnes peut aussi accomplir là-bas des miracles inespérés. Si nous examinons un peu soigneusement les principales de ces difficultés, nous nous ferons une idée plus nette de ce qui attend le missionnaire africain.

a) Il y a tout d'abord les obstacles provenant de la topographie et du climat. Un grand nombre de tribus non-évangélisées demeurent dans des contrées où aucun Européen ne peut s'établir avec sécurité : ce sont des bas fonds marécageux où règne la malaria. Heureusement qu'une phalange d'évangélistes indigènes capables se lève, et c'est à eux qu'incombera la tâche héroïque de pénétrer dans ces régions meurtrières : ils n'échapperont pas à la fièvre ; eux aussi devront donner leurs vies pour que ces peuples soient évangélisés, mais les conditions du sol et du climat seront, pour eux, moins désastreuses que pour les Européens.

La présence de la maladie du sommeil, dans un district, joue actuellement un très grand rôle dans les relations entre les œuvres missionnaires et les indigènes. Il y a une quinzaine d'années, on ne prêtait pas grande attention à cette maladie. et l'étendue de ses ravages était inconnue. Au temps de l'esclavage. on l'appelait « léthargie nègre », et on l'a connue pendant plusieurs siècles à la côte occidentale. Maintenant elle s'étend sur tout le continent, d'une façon lente et irrésistible. Elle rampe le long de la côte occidentale, de la Sénégambie à Loanda : elle remonte le Congo, décimant les villages et semant la mort derrière elle. Lorsqu'elle fit son apparition dans l'Ouganda, on surveilla très attentivement sa marche, et le gouvernement envoya dans ce but des commissions spéciales ; après de sérieuses recherches, on découvrit que l'agent propagateur du fléau est une espèce spéciale de la mouche tsé-tsé. Entre temps, des îles de l'Ouganda étaient dépeuplées, et en particulier près de la rive du lac, des dizaines de milliers d'indigènes périrent. Maintenant la maladie s'est répandue au sud, dans la Rhodésia nord-orientale et dans le Nyassaland ; là elle est encore à ses premiers degrés, et les gouvernements font de vigoureux efforts pour enrayer ses progrès. Lorsque le fléau éclate, on interdit aux Européens de voyager, et des villages entiers sont transportés en dehors des limites de la région infectée. La science médicale est entrée en lice, et a engagé vigoureusement la lutte au moyen de mesures préventives ou propres à soulager les malades, mais, jusqu'à présent, on n'a pas trouvé de remède positif.

Une autre difficulté provient de l'éloignement où se trouvent certaines régions de l'intérieur, privées de tout moyen de communication. Ce serait une folie que d'y pénétrer sans maintenir le contact avec le reste du monde ; on a déjà perdu trop d'hommes et trop d'argent par d'imprudentes tentatives faites pour atteindre de semblables positions, avant d'avoir occupé les places plus rapprochées des lignes de communication. L'Eglise doit procéder d'une façon stratégique, et développer ses missions toujours plus loin dans l'intérieur, tout en ayant soin de ne pas laisser en arrière des vides dangereux, pouvant interrompre le contact entre le monde civilisé et ses stations avancées.

b) Nous avons dit que l'Afrique entière était ouverte aux messagers du Christ ; ce n'est pourtant pas une affirmation tout à fait exacte. Il y a encore, en effet, beaucoup de chefs puissants qui éprouvent une haine invétérée pour l'Evangile, et qui ne veulent pas permettre l'occupation missionnaire de leurs pays. La plupart de ces chefs sont actuellement soumis à des gouvernements européens, dont la politique habituelle consiste à interdire aux missionnaires de pénétrer là où les chefs ne veulent pas de leur présence. Que les missionnaires l'admettent ou non, les fonctionnaires se sentent responsables de la vie des Européens dans leurs districts, et ils redoutent les conséquences que pourrait avoir l'établissement d'une mission, chez des gens qui ont déclaré ouvertement leur opposition. Ils sont en outre responsables de la paix, et si une guerre éclate, — fût-ce pour ouvrir des portes volontairement fermées à la civilisation, — ils se savent exposés aux réprimandes d'un gouvernement timoré et économe ! Ils sentent surtout la nécessité d'éviter tout conflit dans les contrées qu'habitent des mahométans fanatiques. Les vaillants pionniers trouvent, par conséquent, plus d'un peuple plongé dans d'épaisses ténèbres et fermé pour eux, par l'attitude des chefs indigènes.

Même en supposant que sa présence et ses enseignements soient tolérés, le missionnaire rencontrera une forte barrière dans l'esprit de soumission des tribus à l'égard de leurs chefs. On l'a vu dans l'Afrique orientale, où aucun progrès n'a pu être accompli, dans certains cas, parce que le cœur du chef était endurci.

— Quand te convertiras-tu à Christ ? demandait un jour un missionnaire à un jeune indigène.

— Lorsque mon chef le fera, répondit-il.

— Et s'il va en enfer ? continua le missionnaire assez peu judicieusement.

— Alors, j'irai avec lui.

La conséquence d'un loyalisme ainsi compris est que les missionnaires sentent souvent que la masse entière du peuple reste sourde à leurs appels. Personne ne semble avoir le courage de prendre une résolution indépendante. Pour l'Africain, l'unité n'est pas l'individu, mais bien le clan, ou la tribu, et dès lors une action indépendante est, à ses yeux, une chose anti-sociale, plus difficile que nous ne pouvons nous le représenter dans notre civilisation supérieure.

D'autre part, lorsqu'un personnage influent est amené à Christ, c'est comme si un torrent débordait ! Ainsi, l'une des causes des grands progrès du christianisme dans l'Ouganda fut la conversion des chefs et des principaux du peuple à l'Evangile. Il est évident qu'il y a de graves dangers dans de pareils mouvements en masse ; il est bien difficile alors de distinguer ceux qui sont entrés en relations personnelles avec Christ, de ceux qui suivent simplement leur chef ; et l'admission dans l'Eglise d'un grand nombre de gens qui en imitent d'autres, sans avoir passé par une conversion sincère, entraîne un abaissement fâcheux du niveau religieux.

Certains peuples sont beaucoup plus disposés à recevoir l'Evangile que d'autres ; c'est le cas, en général, de ceux qui sont désorganisés. Ainsi les Béchuanas, qui étaient sans cesse attaqués par d'autres tribus, ont répondu avec plus d'empressement à la prédication des missionnaires que les Matébélés, de mœurs plus guerrières. Là où des tribus se sont enrichies et sont devenues célèbres par leurs pillages, les missions ont beaucoup de peine à progresser. La force d'opposition provient parfois simplement de l'organisation du peuple en régiments de jeunes guerriers, qui ne vivent que pour répandre le sang, comme c'est le cas chez les Masaï et les Matébélés. Chez ces tribus, l'organisation du peuple entier est en opposition avec le message de l'Evangile, en sorte qu'il faut une révolution complète de la vie de la tribu avant que le christianisme puisse y triompher. Ailleurs, certaines coutumes, en particulier celles qui accompagnent l'initiation des jeunes garçons et des jeunes filles à la vie d'adultes, sont considérées comme essentielles à leur vie sociale; or leur abolition est nécessaire pour que la jeunesse puisse se convertir à Christ. De pareils obstacles semblent, tout d'abord, insurmontables; mais les progrès de la civilisation et l'établissement d'administrations européennes désagrègent rapidement les anciennes formes d'organisation et les coutumes sociales des tribus indigènes : le chemin se trouve ainsi déjà préparé pour les messagers de l'Evangile.

c) Un autre obstacle provient de l'état de dispersion de certaines peuplades, ce qui nécessite une beaucoup plus grande armée de missionnaires européens que ce ne serait le cas pour une population égale, dans les districts de l'Inde ou de la Chine. En effet, l'Inde entière n'a qu'une superficie égale à trois fois celle du Congo, tandis que la population du continent africain n'égale pas les deux tiers de celle de l'Inde. En Afrique, la moyenne de la population n'est que de quinze habitants par mille carré[1], tandis qu'en Chine, elle est de deux cent cinquante. Dans l'Afrique espagnole, il n'y a que trois habitants par mille carré, et la moyenne est encore plus faible dans de vastes régions de l'Afrique occidentale allemande.

Il faut encore tenir compte du fait que certaines

[1] Un mille carré égale 2,6 km². (N. du trad.)

tribus ne peuvent pas demeurer toujours au même endroit, à cause de leur vie nomade ; tandis que d'autres — comme les Bushmen et les Pygmées — vivent en très petites communautés, sans établissements fixes, et à de grandes distances les unes des autres. L'arrivée d'un missionnaire entraîne invariablement le groupement et l'établissement de ces peuples vagabonds, mais avant de pouvoir les rassembler, il faut d'abord les chercher et gagner leur confiance. Pour des hommes qui ont appris la valeur infinie d'une âme humaine, une telle tâche ne manquera pas d'attrait, malgré ses difficultés.

d) La multiplicité des langues africaines constitue aussi un obstacle à l'évangélisation rapide du continent. La profonde différence qui existe souvent entre le langage de deux tribus voisines s'explique par leurs grandes migrations, au siècle dernier principalement. Dans tel champ missionnaire, il n'y a pas moins de trente langages différents, et c'est une chose très commune pour des missionnaires que d'employer deux langues distinctes sur la même station.

S'il est des districts où l'on parle divers langages fort différents les uns des autres, il en est d'autres où les dialectes employés présentent de grandes ressemblances, et permettent aux indigènes de communiquer librement entre eux. Or, comme les guerres entre tribus tendent à diminuer toujours davantage, et les relations amicales à se développer, plusieurs dialectes disparaissent, absorbés par des voisins plus vigoureux. Le philologue peut le déplorer, mais l'évangéliste s'en félicite !

La diffusion des langues devrait toujours exercer une plus grande influence sur l'extension missionnaire que la distribution géographique des tribus. C'est ainsi que la mission du Lessouto s'est étendue chez les Ba-Rotsi, à près de 1500 kilomètres au nord, parce que la langue des deux pays était la même. En effet les Makololos, dont le nom restera toujours associé à celui de Livingstone, étaient parvenus jusqu'au Zambèze dans leurs expéditions de pillage ; au nombre des tribus qu'ils subjuguèrent se trouvaient les Ba-Rotsi, auxquels ils imposèrent leur langue, comme à tous les peuples qu'ils conquéraient. Longtemps après que les Makololos eurent disparu et que les Ba-Rotsi furent devenus un peuple puissant, le sessouto demeura leur langue ; c'est pourquoi, lorsque M. Coillard entreprit son œuvre parmi eux, il put se servir de la littérature sessouto, et donner tout de suite aux gens la Bible dans leur propre langue.

De même aussi les Angonis du Nyassaland ont passé naguère, au cours de leurs expéditions guerrières, du pays des Zoulous au Tanganyika ; lorsque la mission Livingstonia s'établit chez eux, elle put employer comme premiers évangélistes des indigènes de l'Afrique australe, venus de la

Mission de Lovedale, et la Bible entière put être donnée au peuple.

C'est un énorme avantage que d'avoir une langue fixée par l'écriture, et qui ait sa grammaire, son dictionnaire et une littérature; l'absence d'un tel instrument impose toujours de longues années d'un labeur lent et patient, pour lequel tous les missionnaires ne sont pas également qualifiés.

e) Un dernier obstacle, enfin, a été suscité à l'avancement de l'œuvre missionnaire, par ce mouvement de révolte des chrétiens indigènes contre le contrôle des Européens, que l'on a appelé l'éthiopisme. On a, sans doute, rencontré un peu partout cet esprit de révolte, sous une forme ou sous une autre ; mais c'est dans l'Afrique du Sud qu'il s'est manifesté de la façon la plus positive, et qu'il a entraîné les plus regrettables malheurs pour l'Eglise. Un grand nombre de pasteurs indigènes se séparèrent de l'Eglise-mère, en entraînant avec eux beaucoup de membres, et ils cherchèrent à organiser une Eglise d'Afrique entièrement dirigée par des Africains. Une pareille ambition aurait pu être féconde, si elle n'avait pas été avilie par une haine intense à l'égard des Européens. Cet antagonisme vint obscurcir l'esprit de l'Eglise nouvelle, et la division ainsi causée fut pour elle une source de faiblesse. On a vu des congrégations dépenser leurs forces dans de misérables querelles, les unes avec les autres, au lieu de les tourner résolument contre le paganisme ; le témoignage que l'Eglise chrétienne aurait dû rendre a été de la sorte gravement infirmé. et l'esprit de fraternité profondément compromis.

Dans certains cas. la révolte ecclésiastique fut mêlée à une opposition séditieuse aux lois et à l'autorité des Européens dans la contrée, ce qui entraîna des mesures répressives de la part du gouvernement. Au Natal, en particulier. les craintes provoquées par l'extension de l'éthiopisme poussèrent le gouvernement à imposer des restrictions très sévères au travail missionnaire, afin de pouvoir contrôler l'activité des évangélistes et des instituteurs indigènes. En 1902. on décréta qu'aucune œuvre missionnaire ne pourrait être poursuivie dans une réserve indigène. sans la présence à sa tête d'un *résident* européen. Le résultat de cette loi fut désastreux : plusieurs églises durent être démolies, vu l'absence d'un résident blanc. Cependant l'éthiopisme se réforme de lui-même ; les sentiments d'amertume disparaissent et. en voyant le recul qui s'est produit dans l'œuvre partout où elle n'a été dirigée que par des Africains, beaucoup d'indigènes commencent à comprendre quel besoin ils ont des Européens.

Voilà quelques-unes des principales difficultés qui contribuent à rendre l'œuvre missionnaire beaucoup plus compliquée qu'on ne se le représente chez nous. Il faut se rappeler, en outre, que la pire de toutes les entraves réside dans les pratiques elles-mêmes du paganisme. La polygamie, l'ivrognerie, les danses impures et les cérémonies d'initiation sont, pour l'Africain, tout autant de sources de plaisirs, et tout autant de causes qui l'empêchent d'accepter l'Evangile.

III. — Qui pourrait encore douter de l'appel qu'adresse à l'Eglise l'Afrique païenne ? Plusieurs faits viennent rendre cet appel particulièrement urgent.

a) Il y a tout d'abord l'existence elle-même de la population. De toutes les découvertes faites par les explorateurs et les voyageurs, qui ont contribué à résoudre les problèmes géographiques de l'Afrique, la plus grande a été celle des immenses populations qui vivent dans ce continent jadis fermé.

Il est vrai que — comme nous l'avons vu plus haut, — la population est relativement clairsemée, si on la compare à celle de l'Asie : il n'y a peut-être pas plus de cent-soixante millions d'habitants en Afrique ; certaines régions ne sont que très peu peuplées, d'autres même ne le sont pas du tout. Mais le long des fleuves où des gouvernements ont été établis, ainsi que sur les rives des grands lacs, la population est très dense.

Dans le passé, le continent africain a été dévasté par les guerres entre tribus, par le trafic des esclaves, par des épidémies telles que la petite vérole et la maladie du sommeil, ainsi que par des coutumes barbares comme l'infanticide et les sacrifices humains. Tous ces fléaux tendent à disparaître devant la civilisation chrétienne et grâce aux mesures prises par les gouvernements, et l'on verra dans l'avenir un fort accroissement de la population se produire, car la race africaine est plus prolifique qu'aucune autre. Mais la disproportion entre la population chrétienne et la population païenne menace d'aller en augmentant, car l'accroissement naturel du paganisme est plus grand, pour le moment, que celui du christianisme, étant donné l'effort limité de l'Eglise.

b) Ce qui rend la situation particulièrement grave, c'est la rapide expansion de l'islam. Ces dernières années, il s'est avancé au nord et à l'est avec une force terrible, et l'on a peine à comprendre qu'il se trouve des fonctionnaires européens qui, non seulement, favorisent la propagande musulmane, mais qui vont jusqu'à distribuer des Corans à leurs domestiques, et jusqu'à susciter des obstacles aux missions chrétiennes. Trop souvent les gouvernements ont favorisé les mahométans en les employant, eux seuls, comme agents de police et comme soldats, en entourant leurs stations de musulmans étrangers et en interdisant tout travail missionnaire — tant d'évangélisation que d'instruction — au sein des tribus où l'islam a pris pied. Une telle politique n'est rien moins qu'un suicide pour l'avenir !

On constate heureusement quelque changement dans l'attitude des gouvernements à l'égard du mahométisme, depuis les résolutions énergiques de la Conférence d'Edimbourg ; et au Nyassaland, en tout cas, de nouvelles facilités ont été accordées aux missions qui travaillent parmi les populations soumises à l'influence de l'islam.

Mais il y a, pour nous chrétiens, dans les progrès du mahométisme, un plus grand danger encore que celui d'ordre purement politique dont nous avons parlé. Partout où les musulmans font des conquêtes, une haute barrière est élevée devant la religion du Christ. Leurs vêtements, d'un blanc irréprochable, que le voyageur admire tant et où il croit voir une preuve de grands progrès sur la quasi-nudité du païen, ne servent trop souvent qu'à recouvrir beaucoup de souillures physiques et morales. Comment peut-on approuver — lorsqu'on connaît Jésus-Christ, — ceux qui prétendent que l'islamisme est mieux fait pour l'Afrique que le christianisme ? Il est certes plus populaire, parce que sa loi morale est facile, et parce qu'il permet à l'Africain de se livrer à bien des excès auxquels il est accoutumé de temps immémorial ; mais qu'est-ce que l'islam a fait pour l'Afrique jusqu'à aujourd'hui ? « C'est une religion sans la connaissance de la paternité divine, sans compassion pour ceux du dehors ; pour la femme africaine, c'est une religion de désespoir et d'esclavage. »

L'islamisme ne peut offrir aucune rédemption à l'Afrique ; il ne lui apportera que des fers et que la mort. Si nous voulons sauver les tribus indigènes de cette menace que nos longs délais ont rendue si redoutable, et si nous ne voulons pas ajouter à l'œuvre de l'évangélisation des obstacles nouveaux et presque insurmontables, nous devons opposer promptement au mahométisme un peuple déjà christianisé : c'est la seule muraille qu'il ne puisse franchir.

c) Enfin, ce qui rend la tâche impérieuse, c'est l'extraordinaire changement que les progrès de la civilisation entraînent quotidiennement pour l'Afrique. La civilisation et le commerce ne peuvent pas, à eux seuls, élever le niveau moral d'un peuple : l'histoire ne le prouve que trop éloquemment. Il est déplorable que les pionniers du négoce précèdent si souvent ceux de l'Evangile ; les premiers se sont montrés, à maintes reprises, plus nombreux, plus vigilants et plus hardis que les seconds, et pourtant nous avons infiniment plus à donner et à gagner que le marchand le mieux monté. L'Afrique a bénéficié de l'activité commerciale de philanthropes sincères, comme Macgregor Laird, Goldie et Mackinnon, qui ont dirigé de grandes entreprises dans un esprit de loyauté et de désintéressement louables ; elle a eu à souffrir, d'autre part, entre les mains de véritables bandits, dont l'influence pernicieuse corrompait le pays et ses habitants, et qui pratiquaient une exploitation de la plus vile espèce. Eux aussi, pourtant, furent des pionniers de la civilisation. On ne saurait trop répéter que le commerce et la civilisation, s'ils ne sont pas accompagnés du christianisme, ne peuvent à la longue que faire du mal à un pays. Dans les conditions actuelles du continent africain, il faut que le christianisme entre résolument en lice, et détermine des changements durables. D'ailleurs, la civilisation exerce une action désagrégeante sur les coutumes du peuple et sur ses vieilles croyances païennes. Bien que ce fait puisse paraître avantageux en lui-même, il produit souvent de mauvais résultats, car si rien ne vient remplacer les anciennes croyances et superstitions, le nouvel état risque d'être pire que l'ancien. Avec les progrès de la civilisation, le vieux respect pour les esprits invisibles s'efface ; l'indigène devient, en outre, plus individualiste, et les freins puissants de sa vie sociale cessent d'exercer leur effet. L'autorité des anciens et de la tradition est méprisée ; le noir respire l'atmosphère sceptique et matérialiste des Européens au milieu desquels il vit. Or, en dépit de beaucoup d'éléments mauvais, la vie religieuse et sociale des Africains leur impose certaines restrictions, qui sont absolument nécessaires à l'existence de la race. Les supprimer, sans les remplacer par d'autres plus fortes, c'est plonger les indigènes dans un chaos moral où ils sombreront infailliblement.

Il y a plus encore. La civilisation ne se borne pas, en effet, à supprimer des entraves et à faire tomber d'anciennes coutumes, elle amène avec elle des maux positifs. Une nouvelle immoralité, plus odieuse encore que celle du vieux paganisme, consume littéralement les noirs : la luxure et la boisson les tue. Il est vrai que la civilisation européenne n'a pas, à proprement parler, introduit l'ivrognerie, mais le honteux trafic des liqueurs a marché de pair, sur les côtes d'Afrique, avec les progrès du commerce.

Parmi les maux apportés par la civilisation, il en est qui accompagnent l'adoption du luxe, des vices et des vêtements européens. Déjà la phtisie fait des milliers de victimes dans l'Afrique australe ; les Masaï sont menacés d'extinction par suite de l'introduction des vices civilisés; dans l'Afrique occidentale, des communautés entières ont disparu grâce au rhum et à l'eau-de-vie. Pour triompher de ces fléaux, il faut que l'Eglise chrétienne — avant qu'il soit trop tard ! — enseigne à l'Africain à repousser le mal ; il faut que les missionnaires apprennent aux noirs à prendre les précautions qui leur permettront de résister au choc de la vie occidentale.

Il est survenu, ces dernières années, dans l'Afrique australe, un facteur nouveau qui constitue, pour l'Eglise chrétienne, un appel puissant à une activité beaucoup plus énergique et beaucoup plus rapide que celle déployée jusqu'ici : c'est l'exploitation des mines d'or, spécialement dans la région de Johannesburg. D'après les statistiques les plus récentes, on y emploie actuellement 197,000 indigènes, venus de toute l'Afrique australe. Demain ils seront 200,000. Toute la population masculine de l'Afrique du Sud, entre seize et vingt-cinq ans, fait un ou plusieurs séjours à Johannesburg.

Cette ville était qualifiée récemment, par un membre du Parlement « d'université du crime ». En effet, tous les vices s'étalent dans cette vaste agglomération d'hommes ; mais l'Evangile, qui y est déjà abondamment prêché, peut surmonter ces influences délétères, et si les missions à l'œuvre dans l'Afrique australe comprennent l'importance unique de ce point stratégique, « l'université du crime » peut devenir la source d'eau vive qui transformera le pays.

IV. — Nous avons entendu l'appel qu'adressent les régions encore intactes de l'Afrique ; nous avons constaté combien cet appel est urgent, et combien redoutables sont les obstacles qui se dressent devant nous : quelle sera la réponse de l'Eglise ? Va-t-elle se lever pour réparer ses coupables négligences, du passé et du présent ? Se sent-elle intimement pressée de venir, sans plus tarder, au secours de l'Afrique ?

Si aujourd'hui elle croise les bras pour dormir, ou si elle n'entreprend sa tâche que mollement, d'autres forces plus actives entreront en jeu, et causeront un tort que de longs et vigoureux efforts seront incapables de réparer.

N.B. MM. Arthur Grandjean, Secrétaire général de la Mission romande, et Gustave Secretan, Agent de la Mission de Bâle, ont bien voulu fournir au traducteur quelques renseignements spéciaux qui ont été incorporés à ce chapitre.

UNE FAMILLE CHRÉTIENNE À TALAGOUGA (Congo français)

CHAPITRE VIII

LE DEVOIR DE L'ÉGLISE

Sommaire.

I. — Les circonstances favorables du temps présent dans le champ missionnaire.
- *a*) Etat pacifié des tribus indigènes.
- *b*) Développement des moyens de communication.
- *c*) Progrès de la science médicale.

II. — Le devoir de l'Eglise.
- *a*) Devoir à l'égard des gouvernements.
- *b*) Action sur la vie coloniale.
- *c*) Répartition nouvelle des forces missionnaires et coopération.
- *d*) Augmentation du nombre des missionnaires.
- *e*) Développement de l'Eglise indigène.
- *f*) Préparation d'une littérature.

III. — L'appel de l'Afrique.

CHAPITRE VIII

LE DEVOIR DE L'ÉGLISE

I. — Nous avons vu quelques-unes des dispensations de Dieu en faveur de l'évangélisation de l'Afrique, et nous devons reconnaître que plusieurs des circonstances actuelles sont très favorables à l'action que doit exercer l'Eglise.

a) L'une des plus favorables de ces conditions consiste dans l'état d'apaisement du pays, grâce à l'action vigoureuse des gouvernements européens. Lorsque la conscience de l'Europe eut été réveillée par les protestations des chrétiens, les nations civilisées entreprirent une lutte énergique contre le commerce des esclaves. Lorsqu'elles s'aperçurent qu'elles ne pouvaient pas maintenir leur autorité dans certaines contrées, et que le commerce ne pourrait pas progresser tant que la paix n'y régnerait pas, elles travaillèrent à supprimer les guerres entre tribus. C'est ainsi que la présence des puissances européennes en Afrique a contribué, somme toute, à créer un genre de vie plus paisible et plus sédentaire au sein des tribus, et par conséquent aussi à faire tomber d'anciens obstacles qui rendaient jadis impossible l'action des missionnaires.

b) Les progrès du commerce et de la civilisation ont beaucoup rapproché l'Afrique de l'Europe. De grands vaisseaux naviguent aujourd'hui avec régularité autour du continent, tandis que jadis les missionnaires devaient attendre parfois deux ou trois ans avant de trouver un bateau qui les conduisît en Afrique.

La nécessité d'exercer un contrôle efficace sur le pays, et la poursuite d'un commerce légitime ont aussi entraîné l'établissement de nombreuses lignes de communication dans l'intérieur du continent. Les lacs et les grands cours d'eau sont parcourus par des flotilles de bateaux à vapeur et par des barques à faible tirant d'eau ; dans la région des rapides, on y supplée par une ligne de chemin de fer ; ainsi au Congo, de Matadi à Stanley Pool, et sur le Shiré, aux chutes Murchison. Les Français ont poussé vigoureusement l'établissement de voies ferrées à la côte occidentale ; la plupart de ces dernières sont en communication directe avec les voies fluviales du Sénégal, du Niger et de leurs tributaires. On ne compte pas moins de dix-neuf courtes lignes de chemins de fer sur la côte occidentale. D'autres réseaux s'étendent à l'intérieur. La ligne du Cap au Caire va, du sud, jusque près du Congo belge ; du Caire elle est déjà établie jusqu'à Khartoum, qui est reliée, par un service de bateaux à vapeur, à Gondokoro, à 1700 kilomètres plus au sud. Le lac Victoria-Nyanza est rattaché à Mombasa, et ainsi le long et périlleux voyage, qui prit cent quatre jours à Stanley, peut être accompli aujourd'hui confortablement en trois jours. Les Allemands ont aussi commencé la construction d'une voie ferrée de Dar-ès-Salam au Tanganyika ; une ligne relie Béira à la Rhodésia, et bientôt la côte portugaise de l'Angola sera rattachée au cœur de l'Afrique par le chemin de fer du Katanga.

Les lignes télégraphiques commencent aussi à couvrir le continent tout entier. De l'Ouganda et du Nyassaland, où les premiers missionnaires restaient de huit à douze mois sans recevoir de nouvelles du reste du monde, on peut aujourd'hui communiquer avec l'Europe plus rapidement qu'avec les stations du voisinage.

Le travail missionnaire a grandement bénéficié de tous ces progrès. On ne voit plus les escouades de pionniers être décimées au cours de leurs longs voyages vers l'intérieur, ou parvenir à destination dans un état d'épuisement tel qu'il fallait les renvoyer immédiatement en Europe. Des tribus qui se trouvaient perdues dans les régions éloignées de l'Afrique centrale semblent vivre aujourd'hui aux portes mêmes de nos pays civilisés !

c) Une autre merveilleuse transformation est

due à la science médicale. Depuis la découverte de la cause de la malaria et d'autres fièvres, les conditions sanitaires de l'Afrique ont été complètement changées. On n'appelle plus aujourd'hui la côte occidentale « le tombeau des blancs », et si ce pays n'est pas encore salubre, la maladie et la mortalité y ont cependant beaucoup diminué.

Depuis que ces découvertes médicales ont été faites, des hommes, que la fièvre mettait périodiquement aux portes de la mort, passent maintenant des années entières en bonne santé, presque sans un jour de maladie [1]. La vigueur et la capacité de travail des missionnaires ont été considérablement accrues, et le nombre des décès est beaucoup moins grand.

Ce sont là quelques-unes des dispensations divines en faveur de la rédemption du continent noir. Ces nouvelles voies n'ont pas été ouvertes, et ces prolongements d'existence n'ont pas été accordés uniquement pour permettre aux Européens de s'enrichir en Afrique ! Ce sont des chemins par lesquels l'Eglise doit pénétrer « afin de proclamer la délivrance aux captifs, et aux aveugles le recouvrement de la vue. »

II. — Quelle est la tâche de l'Eglise en présence de ces conditions favorables, et quel parti doitelle en tirer ?

[1] Il ne faut pourtant pas oublier qu'il y a de très grandes différences, à cet égard, entre les divers champs de mission. (N. du trad.)

a) L'Eglise a tout d'abord un devoir à remplir à l'égard des gouvernements qui ont assumé la protection de l'Afrique : celui de contribuer à purifier et à ennoblir leurs ambitions. On a souvent porté de graves accusations touchant les motifs qui poussent les puissances européennes à rechercher la suprématie en Afrique ; pour elles, le meilleur moyen de justifier leurs annexions c'est de prouver qu'elles sont résolument engagées dans une œuvre d'éducation morale et sociale des peuples qu'elles ont pris sous leur protection.

Le régime de l'injustice et de la cruauté n'a pas encore disparu partout ; mais seule l'Eglise de Christ peut réveiller la conscience de l'Europe, car l'agitation politique sera toujours mal interprétée. Ceux-là seuls qui croient à la puissance bienfaisante du christiannisme peuvent porter remède à ces maux affreux.

Une des questions les plus brûlantes de l'heure actuelle est celle du commerce de l'alcool, et de la position prise à son égard par les gouvernements ; une nation ne peut la trancher à elle seule, car il est impossible d'exercer une surveillance efficace dans les *hinterlands* et sur les frontières des divers protectorats. Les lignes de démarcation sont visibles sur la carte, mais non pas sur le terrain ; pour obtenir un contrôle sérieux, en vue soit de la prohibition, soit d'une sévère limitation des boissons alcooliques, il faut donc que toutes les puissances agissent de concert. Là encore, la victoire ne sera remportée que par des peuples chrétiens.

Mentionnons aussi la question des relations des autorités avec le travail des indigènes, là où des systèmes de travail forcé — à peine distinct de l'esclavage — sont autorisés, ou même pratiqués par le gouvernement. Quand il en est ainsi, la vie des tribus est en grand danger, et les indigènes se trouvent être exploités par ceux qui ont accepté des devoirs paternels à leur égard. Tant que ces conditions administratives ne sont pas modifiées, les messagers du Christ ne peuvent pas réaliser de véritables progrès.

Ce n'est pas à dire que tous les rapports des gouvernements avec les populations indigènes soient des obstacles pour les missions. Dans plusieurs contrées, au contraire, l'autorité civile exerce une influence protectrice bienfaisante ; l'Eglise doit alors s'efforcer de la faire concourir au salut de l'Afrique, tout en ayant soin de ne jamais se laisser entraver spirituellement, en s'identifiant elle-même avec l'administration. Dans le passé, les missionnaires catholiques ont eu le grand tort d'essayer de se servir des fonctionnaires pour obtenir des conversions forcées et des faveurs pour l'Eglise : les résultats furent souvent désastreux. Il est cependant certains domaines dans lesquels le gouvernement peut favoriser efficacement l'œuvre missionnaire. C'est ainsi que plusieurs des colonies sud-africaines accordent des subsides aux écoles, et ces sommes d'argent allègent beaucoup le budget des sociétés missionnaires.

La tâche du missionnaire est grandement facilitée dans les pays où règnent des rapports amicaux avec le gouvernement. Les questions relatives aux mariages, aux droits des parents sur leurs enfants, à la liberté individuelle, etc., se résolvent d'une façon bien plus favorable, quand les missionnaires et les fonctionnaires civils vivent en bonne harmonie.

Le missionnaire anglais, travaillant dans une colonie allemande, comme le missionnaire allemand sur territoire britannique, rencontreront forcément certaines difficultés ; mais elles ne sont pas insurmontables. Il est absurde, de la part d'un Anglais, de s'attendre à ce qu'un gouvernement français reconnaisse officiellement une école où l'on enseigne l'anglais à la place du français ! Le devoir de ce missionnaire est de donner au français la place d'honneur, et d'inculquer à ses élèves l'amour de la France. Un hôpital de l'Angola a été fermé parce que le médecin missionnaire n'avait pas de diplôme portugais ; en revanche, dans l'Afrique orientale portugaise, nous trouvons une œuvre médicale prospère qui dépend de la Mission romande ; en effet, cette société prend la peine d'envoyer ses docteurs au Portugal, pour y acquérir un diplôme médical.

b). Une autre tâche, qui incombe à l'Eglise, c'est d'agir sur les colons eux-mêmes. Dans l'Afrique australe, plus d'un million de blancs se trouvent en contact avec cinq millions d'indigènes ou de métis. Tous ces Européens, qu'ils le veuillent ou non, sont aux yeux des indigènes des représentants du christianisme. L'influence de leur vie s'exerce quotidiennement, en bien ou en mal, sur leur entourage. Quel ne serait pas l'avenir de l'Afrique australe, si l'on y trouvait une Eglise coloniale débordante de vie spirituelle et de zèle pour le Royaume de Christ ! Malheureusement, la plupart des congrégations des villes et des villages ne sont pas animées d'un pareil esprit, et restent trop indifférentes à leurs devoirs d'évangélisation. Nulle part les rivalités ecclésiastiques ne sont aussi néfastes que dans l'Afrique du Sud : dans tel de ses villages, on peut voir des communautés hollandaises, presbytériennes, wesleyennes, baptistes, congrégationalistes et anglicanes, avec leur clergé bien organisé, tandis que plusieurs avant-postes de la civilisation sont laissés sans un seul pasteur pour y entretenir la vie chrétienne. N'est-il pas déplorable que de jeunes Européens, absorbés par l'effort de leur travail, se trouvent abandonnés au sein d'une population païenne dont l'immoralité est contagieuse ?

Dans les colonies africaines, il y a un beaucoup plus grand nombre de marchands et de fonctionnaires européens que de missionnaires. L'Eglise ne devrait-elle pas tendre à faire d'eux aussi des témoins du Christ ? Beaucoup de négociants ont déjà consacré leur carrière commerciale au service du Royaume, et travaillent avec succès à son extension ; mais d'autre part, un grand nombre d'Européens restent complètement en dehors de l'influence et de l'activité de l'Eglise.

c) Nous avons vu précédemment quelle grande partie de l'Afrique est encore inoccupée ; si donc nous voulons nous acquitter sérieusement et systématiquement de notre devoir à l'égard des pays non encore évangélisés, il faut modifier considérablement les conditions actuelles.

Tout d'abord, il s'agit de répartir également les forces missionnaires, et d'occuper certaines positions stratégiques. Il faudrait que les missionnaires pussent précéder partout les marchands, car ils sont les véritables pionniers de la civilisation, et leur présence est nécessaire pour préparer les peuples à la rencontre, désormais inévitable, avec un monde nouveau. Il ne faut pas oublier non plus les rapides progrès que fait l'islam ; or, nous l'avons dit, les barrières qu'oppose le paganisme au christianisme sont faibles, en comparaison d'un mahométisme fanatique, quoique peut-être superficiel. Nous devons donc occuper rapidement et énergiquement les pays païens qui sont menacés d'être envahis par les musulmans.

La question d'une répartition nouvelle des forces missionnaires s'impose donc d'une façon impérieuse. L'esprit d'étroitesse, en matière ecclésiastique, a fait beaucoup de mal, en ce sens que trop souvent chaque Eglise a travaillé pour son propre compte sans consulter ses voisines. Fréquemment aussi, les nouveaux arrivants n'ont eu aucun souci de la priorité d'occupation d'un pays. par des missions plus anciennes. Au sud de l'Afrique. et en particulier à Natal. ce mal a causé de grandes pertes de force. Parfois. les règles de discipline d'une mission n'ont pas été respectées par une voisine. et il y a même des sociétés protestantes qui ne veulent pas reconnaître la validité d'un baptême administré par d'autres missionnaires protestants! L'insuffisance des forces à l'œuvre pour l'évangélisation de l'Afrique est trop grande pour qu'on se permette de tels abus et de telles rivalités.

Nous avons grand besoin d'un esprit de courtoisie et d'économie. Certains centres ont en effet trop de missions, tandis que d'autres districts du voisinage sont négligés. Dans les premiers temps de la mission chez les Béchuanas, la Société missionnaire de Londres se retira de la ville du roi Khama, où elle avait été la première à l'œuvre, lorsqu'elle s'aperçut que la mission de Hermansburg s'apprêtait à occuper cette région ; et Mackenzie ne s'y établit définitivement, que lorsque les missionnaires allemands se furent retirés. par suite d'un arrangement mutuel.

Il y a également un grand gaspillage de force dans les formes spéciales d'activité missionnaire, telles qu'hôpitaux, institutions scolaires. impri-

ÉCOLE NORMALE D'INSTITUTEURS DE LAMBARÉNÉ (Congo français)

meries et travaux littéraires. C'est absurde que chaque mission particulière s'efforce de développer tous ces divers départements, alors qu'un arrangement pour combiner leurs efforts permettrait une grande économie d'argent et de personnel, tout en augmentant beaucoup leur efficacité.

Il est grand temps d'organiser un corps consultatif, sorte de conseil central comme la *Propagande* de Rome, qui aidera à prévenir la dispersion des forces et à occuper tous les points stratégiques.

Il semble heureusement que nous entrons rapidement dans une période de travail missionnaire plus scientifique. Tout un mouvement se dessine, au sud de l'Afrique, en vue d'une répartition nouvelle des forces à l'œuvre. Dans plusieurs champs, on a organisé des conférences, pour que les sociétés missionnaires puissent s'entendre sur leurs principes communs d'action, et délimiter leurs sphères respectives de travail. A cet égard, la Conférence universelle d'Edimbourg et le « Comité de continuation » qu'elle a institué ont donné une impulsion décisive, et tous les chrétiens qui ont à cœur l'évangélisation du monde entier ne peuvent que désirer ardemment la réalisation de toutes les belles espérances qu'a fait naître la constitution de ce comité.

d) Toutefois, une répartition nouvelle du personnel actuellement à l'œuvre ne suffirait pas pour profiter de toutes les occasions favorables qui s'offrent aujourd'hui. Plusieurs centaines de missionnaires européens sont encore nécessaires. Il faut des hommes pour soulager ceux qui sont déjà à l'œuvre et pour permettre un travail plus approfondi ; il en faut pour pénétrer dans les pays non encore évangélisés ; il en faut aussi pour remplir des tâches spéciales.

On a besoin d'instituteurs, afin de pouvoir développer complètement l'œuvre scolaire ; on a besoin de pasteurs, pour s'occuper spécialement de la préparation des prédicateurs indigènes et des évangélistes ; on a besoin d'hommes ayant une culture et des dons littéraires, pour traduire la Bible en langue indigène, et pour fournir une littérature à l'Eglise.

Abandonnons définitivement l'idée que n'importe quelle sorte d'homme est propre pour l'Afrique ! Il faut au missionnaire africain une préparation spéciale et approfondie. Le maître de travaux manuels doit posséder son métier à fond, sinon il ne pourra pas former convenablement ses apprentis. Le pédagogue doit connaître la science de l'enseignement, sous peine de faire du mauvais travail et de développer ses écoles dans une fausse direction. Le médecin doit être pleinement qualifié, car il se trouvera en face d'un travail difficile, pour lequel il ne pourra pas recourir à des spécialistes. Le pasteur doit avoir fait de fortes études, s'il veut enseigner une doctrine bien équilibrée et édifier une Eglise sur un fondement permanent et véritable. Les uns et les autres doivent avoir assez d'instruction pour saisir la structure des langues, et un esprit suffisamment ouvert pour comprendre des hommes dont la mentalité est profondément différente de la leur.

Par-dessus tout, il faut pour l'Afrique des hommes de caractère, ayant appris à marcher seuls avec Dieu. C'est une triste chose, pour le développement intellectuel d'un missionnaire, que de n'avoir pas encore appris à trouver une société dans des livres, car il ne trouvera peut-être aucun autre compagnon ; mais c'est une chose bien plus triste encore pour lui, que de ne pas avoir appris le secret de l'empire sur soi-même et de la croissance en Christ. Dans l'atmosphère démoralisante du paganisme, il est bien à plaindre celui qui n'a pas appris à renouveler son âme, jour après jour, en la présence de Dieu Lui-même.

En Afrique, où l'influence personnelle est d'un si grand poids, et où la fidélité à son maître est un des traits typiques de l'indigène, le caractère joue un rôle prépondérant. Si la vie d'un homme se fortifie journellement dans la communion du Saint-Esprit, son activité missionnaire aura une valeur immense : en effet, les missions nous enseignent que ce n'est pas en l'inondant d'un grand nombre d'Européens qu'on gagnera le monde païen, mais bien en lui envoyant des individualités ayant quelque expérience personnelle de la force merveilleuse que Dieu peut donner à un homme qui lui est entièrement consacré.

e) Il faut se rappeler cependant que les ressources de l'Eglise chrétienne ne se bornent pas à l'Europe ou à l'Amérique. Une grande armée d'hommes, propres à l'évangélisation du continent, se trouve dans le sein de l'Eglise indigène elle-même. Il ne s'agit point, en effet, d'une entreprise purement étrangère ; c'est bien aussi une entreprise africaine. Mais, comme nous l'avons vu, le développement de l'Africain — même du meilleur — est encore entravé de tant de manières, qu'il serait imprudent de supprimer toute surveillance et toute direction par des Européens. Nous devons nous souvenir que si le paganisme exerce une influence démoralisante sur le blanc, malgré l'isolement relatif où il se trouve en sa qualité d'étranger, et malgré les traditions et les goûts héréditaires provenant de plusieurs siècles de vie chrétienne, il doit en exercer une bien plus perfide encore sur l'indigène tout récemment sorti du bourbier qui l'entoure, et appelé à vivre au milieu de tentations de tout genre. Si le missionnaire européen a besoin d'une instruction complète et spéciale, comment pourrions-nous nous attendre à trouver beaucoup de sagesse et beaucoup de caractère chez l'Africain, qui n'a reçu qu'une préparation courte et incomplète ?

Il ne faudrait pourtant pas méconnaître la grande valeur des évangélistes indigènes. Il y a des missions qui ne recherchent nullement le concours des noirs, et qui se bornent à envoyer leurs ouvriers en Afrique, comme leurs seuls évangélistes. C'est là une politique malavisée, car — comme nous l'avons déjà vu, — l'indigène possède des aptitudes naturelles qui font souvent de lui un prédicateur plus efficace que ne peut l'être un blanc. Puis il y a la question d'économie. Dans bien des parties de l'Afrique, vingt ou trente ouvriers indigènes peuvent être entretenus avec le salaire d'un seul Européen, en sorte que l'on peut dire sans hésiter qu'un blanc, avec toute une troupe d'aides indigènes capables, fera beaucoup plus, pour l'évangélisation de l'Afrique, que deux Européens.

En outre, si l'on ne développe pas l'Eglise indigène, on lui fait du tort en tuant l'esprit de libéralité. Laisser croire à ses membres que le devoir de l'évangélisation n'incombe qu'aux étrangers, et se procurer de l'étranger les fonds nécessaires au payement de tous les ouvriers indigènes, c'est empêcher le développement de tout esprit d'indépendance. La tentation est grande de développer trop rapidement une œuvre, en faisant sans cesse appel à la libéralité des chrétiens d'Europe, tandis qu'il vaudrait souvent mieux, en diminuant les allocations des Eglises-mères, insister davantage auprès de l'Eglise indigène sur la nécessité d'une plus grande libéralité.

La plupart des Eglises africaines sont déjà bien plus avancées que celles d'Europe en fait d'esprit d'évangélisation. Il a fallu des centaines d'années pour amener nos Eglises à prendre conscience de leur devoir de propager l'Evangile, et aujourd'hui encore, il n'y a qu'une minorité de chrétiens européens qui comprennent vraiment ce qui est demandé d'eux. Dans un grand nombre d'Eglises africaines, au contraire, la majorité des membres donnent de leur nécessaire pour l'œuvre missionnaire en faveur des païens, ou bien ils sont engagés eux-mêmes activement dans ce service.

Ce zèle s'accroîtra, si l'on confie aux indigènes, — au fur et à mesure qu'ils progressent dans une vie chrétienne vraiment consciente, — des responsabilités toujours plus grandes dans le gouvernement de leur propre Eglise; quand ils comprendront la raison d'être d'une Eglise dans le monde, et leurs devoirs à son égard, ils apprendront aussi à faire des plans ambitieux pour son extension; et quand ils auront eu leur part dans la conception et dans l'élaboration de ces plans, ils reconnaîtront aussi que c'est à eux qu'incombe le devoir de les exécuter.

f) Une autre tâche encore, dont les temps actuels réclament l'accomplissement, c'est le développement de la littérature chrétienne en langue indigène. Dans ce domaine, l'œuvre à faire est encore immense : pour prendre un seul exemple, si une centaine de peuples africains possèdent déjà la Bible, il y a plus de quatre cents langues et plus de trois cents dialectes, dans lesquels elle n'a pas encore été traduite.

Pour que l'Afrique puisse répondre au réveil

intellectuel et chrétien qui se produit actuellement, pour qu'elle puisse pourvoir à la propagation de l'Evangile en tout lieu, et nourrir ceux qui auront été amenés à la vérité, elle a un urgent besoin d'hommes qui se consacrent à cette œuvre si importante : l'élaboration d'une littérature chrétienne.

III. — Les immenses changements qui ont contribué à rapprocher les diverses parties du monde les unes des autres, et qui ont mis à la portée de l'Europe les contrées les plus reculées de l'Afrique ont considérablement accru l'activité commerciale et la richesse de l'Europe ; ils ont beaucoup ajouté aussi à la gloire de ses royaumes et de ses républiques, mais qu'ont-ils apporté à l'Eglise chrétienne ? Ils lui ont imposé une entreprise nouvelle, qui réclame toutes ses énergies. Ce serait, du reste, un malheur pour les peuples d'Europe, si l'accroissement de la richesse nationale ne faisait qu'entraîner pour eux un accroissement de luxe, et si le monde chrétien ne retirait de cette extension qu'orgueil et confort.

Les découvertes de Livingstone et de Stanley ont provoqué, il y a trente et quarante ans, un magnifique essor de l'œuvre missionnaire ; de nouvelles sociétés se sont fondées à ce moment-là pour la conquête de territoires encore vierges. Mais il semble que la marche en avant ait été arrêtée, dès lors, par la nécessité d'affermir le travail dans les pays occupés.

Maintenant une nouvelle génération s'est levée ; une Afrique nouvelle est à nos portes. L'heure n'a-t-elle pas sonné où les Eglises doivent être à nouveau hardiment sommées, comme elles le furent jadis par Arthington et par Stanley, d'entreprendre de nouvelles et vastes missions? Le grand Soudan, les pays mahométans de l'Est africain, les *hinterlands* de la côte occidentale, les immenses régions du Congo, l'Afrique orientale portugaise, tous ces champs, et d'autres encore, font entendre à l'Eglise un appel pressant, et offrent aux sociétés les plus ambitieuses de vastes territoires inoccupés.

Les gouvernements ne sont pas encore au bout de leur tâche. Chacun de son côté étend chaque année, toujours plus loin, son autorité et son administration. De nouvelles compagnies commerciales ont pénétré partout où de nouveaux pays leur ont ouvert quelque perspective. Des millions ont été largement souscrits pour les spéculations les plus hasardeuses, comme pour les entreprises les plus sûres. Pourquoi donc l'Eglise ne s'est-elle presque plus jamais risquée courageusement depuis trente-cinq ans ? N'y a-t-il plus assez d'hommes et de femmes disposés à donner leurs vies ou leurs biens pour le salut de leurs frères noirs ? Le commerce et l'administration trouvent toujours des hommes prêts à tout affronter, en vue du salaire offert, et l'on rencontre des marchands n'ayant que bien peu de confort et courant de grands dangers, dans des endroits perdus et malsains où il n'y a point de missionnaires ! Bien des fonctionnaires ont mené, sur la côte occidentale, une vie plus solitaire et plus dépouillée de tout agrément qu'aucun des missionnaires de la Rhodésia, et les forêts du Congo ont isolé de la civilisation plusieurs dizaines d'employés de l'Etat, pour chaque missionnaire qui y a pénétré. L'Eglise n'a certes pas le monopole de l'héroïsme ! Pourquoi donc a-t-on tant de peine à trouver des hommes entièrement dévoués à la cause de Christ, des hommes pour qui la gloire de porter l'Evangile libérateur à des peuples dégradés ait plus d'attrait que tout ce que la renommée et la richesse peuvent donner ?

Notre unique espérance pour l'Afrique est dans l'éveil d'une vie plus riche et plus ardente en Europe. Nous sommes entravés par le manque de zèle et de ferveur de l'Eglise qui nous a envoyés, et à laquelle nous sommes unis. Qu'elle se ranime, et notre foi, comme notre service, prendront un nouvel élan ! Dieu permet que les Eglises d'Europe exercent, par leur propre vie, une influence invisible, mais certaine, sur l'Afrique. Le feu qu'Il allumera par son Esprit dans leur sein répandra sa clarté et sa chaleur jusqu'au cœur du continent noir.

TABLE DES ILLUSTRATIONS

TABLE DES MATIÈRES

EN VENTE A LA MÊME ADRESSE

Prix : 3 fr. 50

www.ingramcontent.com/pod-product-compliance
Ingram Content Group UK Ltd.
Pitfield, Milton Keynes, MK11 3LW, UK
UKHW021904260726
13966UKWH00006B/512